エルケ・ヴィス　児島 修 訳

「究極の知性」と
「勇敢な思考」をもたらす

QUEST
「質問」の哲学

Socrates op sneakers

Filosofische gids voor het stellen van goede vragen

Elke Wiss

ダイヤモンド社

Socrates op sneakers
by
Elke Wiss

Originally published by Ambo | Anthos Uitgevers, Amsterdam
Japanese translation published by arrangement with Ambo/Anthos Uitgevers B.V
through The English Agency (Japan) Ltd.

あなたの心の中にある未解決のもののすべてに対して忍耐強くなり、
質問そのものを、鍵のかかった部屋や外国語で書かれた本のように愛すること。
今すぐに答えを求めてはいけない。
求めれば質問を生きられなくなり、答えも得られなくなる。
大切なのは、すべてを生きることだ。
今、質問を生きること。
そうすれば、いつか答えが見つかるだろう。

ライナー・マリア・リルケ「若き詩人への手紙」[1]

はじめに

「さあ、質問するんだ」

ソクラテスが私の耳元でささやく。

「尋ねてみればいい。そうする理由は十分にあるのだから」


私はまばたきをして、心の中で反論した。


「ねえ、ソクラテス。あなたは2500年くらい前の人でしょう。

だからたぶん、あなたにはわからないこともあるのよ。

今の世の中では、そんなふうに相手にぶしつけな質問をすることはできないの」

▼運命の昼休み

それは数年前のことだった。私は「実践哲学」〔訳注：実践的な諸問題を対象とする哲学の部門のこと〕のコースに申し込んでいた。この概念を学ぶことで、**哲学的に会話をし、自分の考えを明確にするための理論と実践的なノウハウを得たかった**からだ。

舞台演劇の脚本家兼演出家として、一つの舞台をつくりあげる創造的な取り組みの中で、自分の考えをしっかりと把握したいという思いもあった。

さらに言えば、俳優に対して、もっと的確な質問ができるようになりたいという目的もあった。私はこのコースを受講することで、哲学の実践的な側面を理解したいと意気込んでいた。

コースの初日、昼食時にクラスメート5人とテーブルを囲んだ。女性4人に男性1人。ほどなくして、子どもの話題になった。1人ずつ順番に質問に答えていった。

「子どもはいる？」

「ええ、男の子が1人」

「あなたは？」

「娘が2人。たいへんよ！」

すぐに質問が続く。

「いくつ？」

「もう学校に行ってる？」

「iPadはもたせてる？」

それはよくある類《たぐい》の雑談だった。私は20代後半だったが、同じような会話は何度も経験したことがあった。いつも流れは同じ。誰かが「いいえ、子どもはいません」と言うと、気まずい沈黙が流れるか、質疑応答がすぐに次の人に移る。

子どものいる人は子どもの話をするのが好きだが、子どものいない人にはその話題は振らないほうがいい。そんな不文律があった。

でも、私には疑問だった。

〈ちょっと待って。誰にだって、子どもについて話すべきことはあるはず。誰に言われたわけでもないのに、**なぜ質問一つせずに、その人には聞くべきことがないと決め**

つけてしまうの？〉

すぐに私の番になった。私は、子どもはいないと答えた。そして一息つき、もう少し自分のことを話そうとした。当時はいくつもの学校で演劇の授業を受けもっていたので、子どもたちにまつわるすばらしいエピソードがたくさんあった。みんなに、ぜひその話を聞いてもらいたかった。

それに、他人の経験や、人生観や価値観などを聞いてみたいとも思っていた。以前から抱いていた、子どもをもつべきかどうかについての疑問もぶつけてみたかった。私には、自分が本当に子どもをもちたいのかどうかがわからなかった。それはとてつもなく大きな人生の決断だ。みんなどんなふうにして、そんな決断を下せるのだろう？

けれども、私が口を開く前に、すぐに次の参加者に向けて、「あなたは？」という質問が投げかけられた。誰もが私の隣の女性に視線を移した。彼女はさっそく、7歳の子どものことを熱く語り始めた。全員が私の視線を注意深く避けようとしていた。どうやら私の話はこの場にはふさわしくないようだ。

不思議だった。みんな年齢は近かったし、同じ哲学のコースに申し込んでいたのだから、深い議論をするための理想的なチャンスだった。**社交儀礼や当たり障りのない会話に縛られる必要はない。**

憤りのようなものが湧き上がってきた。

なぜあるテーマについて全員で会話をし始めたのに、数人だけにしか話を聞こうとしないのか？

誰が話し、誰が話をしないかがなぜ暗黙のうちに決められているのか？

話すべきことがあるかどうかは、各人が自分で判断すればいいのではないだろうか？

私の隣にいた女性が、自分の幼い娘のことを話し終えた。次の人に質問が向けられた。40代前半の、茶色い巻き毛の女性だ。

「いいえ、子どもはいないの」と彼女が言うと、すぐに他のメンバーは次の人に話を振ろうとした。

▼現代人の人生がつまらない理由

私の後ろから「**さあ、質問するんだ**」という声が聞こえてきたのはそのときだった。ソクラテスが、私を励ますような笑みを浮かべている。私がもじもじするのを見ているその瞳が、楽しそうに輝いている。

「尋ねてみればいい。そうする理由は十分にあるのだから」

私は彼を見て、今の世の中ではそう簡単にはいかないのだと説明した。

「そんなふうに相手にぶしつけな質問をすることはできないのよ……」

ソクラテスは眉をひそめた。

「そこが君たちの問題なんだ。**踏み込んだ質問は避けて、当たり障りのないことばかり尋ねようとする。**相手の気持ちに気を遣い過ぎだ。礼儀正しく尋ねなければならないということにとらわれている。そして、核心を突いた、痛みを伴うかもしれないような話題を避けようとする。それこそが大切な質問である場合もあるのに」

「ええ、でも……」

「君が聞きたいのは、事実に基づいたことだろう？」

「はい、そうです……」

「では、なぜ事実について尋ねることが不適切になるんだ？」

「ええと……わかりません」

「そうだろう？　ある種の話題を腫物《はれもの》のように扱い、それを避けることを不文律にすることは、その質問自体とは何の関係もない。**君たち現代人が、人生に深みが足りないと感じるのも無理はない。**君たちは、会話を地雷原に変えてしまったのだ！　爆発をおそれて、無難なことばかり尋ねようとする。だが、そうすると会話は表面的になり、おまけに退屈なものになる」

私は反論しようと口を開いたが、ソクラテスは平然と続けた。

「それに、子どものいない人にも自分の話をする権利があると思っているのに、口をつぐんでいるのなら、問題の一端を担っていることになる。その不文律を持続させているのと同罪だ」

私は瞬きをして、少し呆然《ぼうぜん》とした。さて、どうすればいい？

「**質問するんだ**」ソクラテスはため息をつき、巻き毛の女性のほうを見てうなずくと、椅子にもたれかかった。

▼下手な質問は地獄をつくる

善意と、人間として成長したいという思いから、ソクラテスに励まされた私は試してみることにした。これは革命の始まりだ、と自分に言い聞かせながら。

グループの会話に訪れた一瞬の沈黙。勇気を奮い起こし、深呼吸をして、巻き毛の女性の目を真っ直ぐに見て、私はこう言った。

「子どもをもたなかったのは、あなたが選択したことなの？」

再び沈黙が訪れた。今度は、緊張した気まずい雰囲気だ。グループの他の人たちが息を止めているのが伝わってくる。巻き毛の女性は私の目をじっと見ると、凍りついたようになりながらも、歯を食いしばるように答えた。

「いいえ、そうじゃないわ」

他の人たちは、その場から自分の存在を消そうとした。小さなテーブルを囲んでいた6人にとっては至難の業《わざ》だったけれど。

神経が暴走して、制御不能になっている。私は心の中でソクラテスに毒づいた。〈最高のアドバイスをありがとう。おかげで……たいへんなことになったわ！〉。

頭の中で警報ベルが鳴り始めた。いったいどうすればこの地獄のような空気を変えられるのだろう？

なんとか昼食は終わり、全員で授業に戻った。私は巻き毛の女性の隣を歩きながら、先ほどの件についての思いを口ごもりながら伝えた。

「あなたの気持ちを傷つけるつもりはなかったんです。でも、この手の話になると、子どものいない人はスルーされることが多いような気がして。それは公平ではないと思うんです。私はいつも人の話をもっと聞きたいと思っていて、純粋にあなたの経験に興味があったので、思い切って尋ねてみたんです……だって、誰だって自分の話を聞いてもらう価値があるし、私たちは実践哲学を学び、良い質問ができるようになるためにここに来ているんですから……」

臆病で恥ずかしさにあふれた謝罪は、中途半端に宙に浮いていた。

彼女は、「それ以上、言いわけなんか聞きたくない」といったふうにそっけなくうなずいた。そして、ささやくような声で吐き捨てた。

「あんなことを人に聞いてもいいって考えるのは、おかしいと思うわ」

彼女は教室に向かって大股で歩き出した。私はその後ろをついて歩いた。


この出来事のことは、今でもはっきりと記憶している。

恥ずかしく、罪悪感を覚えたが、その理由を正確に言うのは難しい。

私は純粋な気持ちから質問をした。もっとオープンに、有意義な会話がしたかった。全員が自由に自分の話ができたらいいと思っていた。

「お仕事は何を?」「どちらにお住まいで?」「お子さんは何人?」といった表面的な雑談を超えて、深く語り合える場をつくりたかった。

自分にとって不公平だと感じ始めていた不文律に、疑問を投げかけたかった。

誰もが良い質問をし、価値ある答えを返すことで、良い会話ができる世の中にしたかった。

▼「何を問うべきか」を問わなければならない

私は今の自分が知っていることを、あの運命の昼休みに知っていればよかったと思う。今の私は、**相手を不愉快な感情の沼に引きずり込むことなく、その種の質問をする方法があるのを知っている。**

世間話を超えて、深い共感を分かち合えるような状況や条件をつくれるということも。

時には少し傷ついたとしても、率直な考えを伝えることで、お互いの結びつきを強めるような質問の方法があることも。

視点を変えれば、相手に構えさせずに尋ねられる質問があることも。

良い質問が、全神経を向けるに値する強い答えにつながることも。

お互いの考えの本質に光を当てながら、対等な条件で会話をする方法があることも。

筋違いの話を避けて問題の核心に迫る方法や、誰もが自分の感情や感受性に責任をもてるようになるアプローチがあることも。

そして、**疑問をそのままにしておく方法**——すなわち、もう少し深く掘り下げて考えることへの招待状を出す方法も。

それは、断るのも受け入れるのも自由な招待状だ。沈黙の苦しみに耐えなくてもいいし、心を傷つけ合わなくてもいい。隠れ場所のない小さなランチテーブルで、自分の存在を消そうと祈る必要もない。

その後の数年間、あの短いやりとりは私の人間的成長や学びを大きく促すものになり、本書を書くきっかけにもなった。

あれ以来、私は実践哲学や、質問の哲学、哲学的、ソクラテス的な対話の技術を、母国のオランダや海外で学び続けた。De Denksmederij（思考職人）社という会社を設立し、ソクラテスの言説や、クリティカルシンキング（批判的思考）、質問の方法などをテーマにした研修やワークショップを開催した。

あれ以来、日々のすべてが学びになっている。

何がうまくいき、何がうまくいかないのか。

良い質問とは何か。議論に深みをもたらし、人々がともに思考し、哲学し、つながり合うために、私たちにできることは何か……。

私は哲学の考え方を活かした研修やコンサルティング、プレゼンテーションなどを通じて、ソクラテス的な態度を養い、質問の方法に気をつけることで、会話がいかに良い方向に変わるかをじかに体験してきた。

また、相手の話を聞き、こちらの考えを伝えるときに誰もが陥りがちな落とし穴に気づき、それを避ける術《すべ》を学ぶことで、会話がどれだけ有意義なものになるかも目の当たりにしてきた。

やがて、良い会話をしたいと思っているが、それを実現する方法を知らない人たちに向けて本を書きたいと思うようになった。それが、この本だ。

さあ、一緒に旅を始めよう。ソクラテスをガイドに、質問の哲学を探っていこう。この哲学を知っていれば、どんな状況でも深い会話ができるようになり、身の回りの世界をもう少し理解できるようになる。

「何を問うべきか」を問うことで、あらゆることを深く知ることができるようになるのだ。

▼勇敢に思考し、深く探求する

本書は、面白おかしい世間話で人を魅了するための方法が書かれた本ではない。これは、会話の中に隠された深みを引き出すのに役立つ本だ。**新しい可能性や視点を探求し、自分の思考の「スイッチ」が入ったとき、会話は深くなり、新たな発見や意外な発想にたどり着けるようになる。**

相手を説得したり、言い負かしたりしようとせずに議論し、視点を変え、相手の思考の流れに乗りながら柔軟に思考できるようになる。

自分の無意識の考えに気づくだけでなく、他人の考えを受け入れる余地を残しておくことは、有意義で、見返りの大きなスキルになる。

私はこのように、自分の考え方や視点にとらわれずに思考する能力のことを、「**アジャイル・パースペクティブ（迅速な視点の切り替え）**」と呼んでいる。そして哲学的な思索は、それを訓練するのに最適な方法だ。

アジャイル・パースペクティブとは、**自分の意見にとらわれることなく、他人の視点を探り、調査すること。**自分の感情はいったん手放し、できるだけ心を白紙の状態にして、明確かつ冷静に問題を探っていく。自分の意見が浮かんだら批判的に問い、自分の考えには思っている以上に幅があることを見つけ出すのだ。

言い換えれば、本書は**勇敢に思考する人のための本**だ。

何かを疑う勇気のある人、「もう知っている」と思い込むのではなく、何かを調べようとすることに意欲のある人のための本だ。

「知らないこと」を喜んで受け入れる人、相手の言葉にすぐに口を挟まず、黙って耳を傾ける勇気のある人、その静かな瞬間を、もっと深く掘り下げ、もっと知りたいと思っていることを示す質問をするための出発点とする人のための本だ。

哲学的思索とは、質問し、答えを探ることで、自分の知らないことを知ろうとする試みのことである。それは、私たちを豊かで賢い人間にしてくれる。

「これが私の考えだ」と主張することに満足せず、誰かとの対話を通じて知恵を探そうとする人のための本なのである。本書では、対話を通して一緒に知恵や洞察、本質的な質問への答えを探し出す具体的な方法を説明していく。

アルバート・アインシュタインはかつてこう言った。

「もし、人生がかかった大きな問題があり、それを解くのに1時間与えられたとしたら、私は適切な問いを立てることに最初の55分間を費やすだろう」

本書も、あなたが重要な問いを立てるのに役立つ。それは誘《いざな》い、探求し、解き明かし、明確にし、対峙し、深め、挑戦し、興奮させ、物事を動かす問いだ。

本書を読むことは、批判的に思考し、分析し、質問するための訓練になる。

読み進めながら、実践的な指針や条件、テクニック、理論的背景、話の聞き方を学んでいこう。これらは日々の対話の中で、さらなる探求と哲学的な深みへとあなたを導く羅針盤になる。

▼ソクラテスに学ぶ「質問の哲学」

この本は、探求心を育み、良い質問ができるようになるための実践的なガイドだ。

本書は哲学者ソクラテスをガイドとし、師とする。彼の顔立ちや服装は、あなたの心の中で自由に想像してみてほしい（スニーカーやカウボーイブーツを履かせても構わない）。

ソクラテスは約2500年前に生きた古代ギリシアの思想家だ。彼ほど実践的な哲学者もいなかった。アテネの広場や市場で、**人生で最も大切なことは何かを問い、人々を哲学的議論に引き込んだ。**そして、実に多くの質問をした。誰よりも、質問の技法を理解していた。彼がこのアプローチを取った理由は主に2つあった。

1．もっと賢くなりたかった。**「私は何も知らないことを知っている」という原則のもと、真の知識を探求した。**真の知識は対話から生まれることに気づき、会話の相手を自分の思考を研ぎ澄ますための砥石と見なした。

2．会話の相手を、誤った推論や欠陥のある思考、自分や他人を欺こうとする試み（つまり、でたらめ）から解放したかった。**相手が「真の知識」を求めるように仕向けた。**ソクラテスの批判的な質問を通して、相手は確実に知っていると思っていたことが真の知識ではないと理解するようになった。

現代社会では、誰もが「自分は物事を知っている」と思っていて、事実よりも意見が多く語られている。

それでも、オープンさや好奇心を保ち、「知らないことを知っている」という態度は取れる。ソクラテスの哲学的思索や思考、質問への実践的なアプローチは、その完璧な試金石になる。

私たちは彼から、驚きに満ちた探求心を養い、互いに、そして自らに批判的な質問を投げかける方法を学べるのだ。

▼ソクラテス——最も実践的な哲学者

私たちのヒーローであるソクラテスは、今から約２５００年前にアテネに実在した人物で、石工の父親、助産師の母親のもと、紀元前４６９年に生まれた。最初は父親の後を継いで職人になったが、やがて知的な思考に惹かれるようになり、古代ギリシアの都市の政治的・文化的生活の中心であった「アゴラ」と呼ばれる公共広場で、自分の話に耳を傾ける人たちと対話を始めた。行政官や商人、政治家、職人、芸術家、学生などの雑多な人々と、生活や仕事の基本的な側面について話し合った。

ソクラテスは質問をすることで、相手に自らの決定や行動の正当性、現在の意見を得るに至った理由を説明する機会を与えた。そのため尊敬を集めたが、こうした徹底的な質問の手法を好まない人もいた。うるさく飛びまわり、ちくりと刺すことの喩《たと》えとして、「アテネのあぶ」というあだ名で呼ばれたりもした。

ソクラテスは、人を真に幸せにするものは「何が正しいか」を知ることであり、どんな状況下でも善を見分ける力をもつことだと信じていた。

私たちは、何であれ物事をうまくやりたいと考える。

「良き父親や、良き友人になるにはどうすればいいのか？」

「管理職や経営者としてどんな決断を下せばいいのだろうか？」

「医師としての正しく責任ある行動とは？」

ソクラテスは問いかけの達人であり、「問う姿勢」を体現していた。もし「知らないこと」の選手権があるとしたら、彼は世界史上に輝くチャンピオンになるだろう。

ソクラテスには、話をしている相手に鏡を見せ、その言葉や矛盾を気づかせる比類のない力があった。自分が知っていることを長々と話したりせず、相手に質問を投げかけ、ともに真実を探ろうとした。

▼「私は何も知らないことを知っている」

ソクラテスのモットーは、「私は何も知らないことを知っている」だ。

彼は、デルフォイの神託所で、最も賢い者という評価を与えられた。この神託所は、古代ギリシア人の神聖な崇拝場であるデルフォイの中心部に位置し、預言や神託の神であったアポロンに捧げられた、きわめて崇高な場所であった。

ソクラテスは知識に飢えていて、「正義とは何か？」といった大きな問いへの答えを求めていた。そのための方法として、そのテーマに詳しそうな人を見つけて質問をした。

例えば、善悪の問題を日常的に裁く裁判官なら、正義とは何かという問いへの答えをもっているはずだと考えた。ソクラテスに正義とは何かと尋ねられた裁判官は、自分なりの考えを詳しく話した。けれどもソクラテスはすぐに、裁判官の説明の矛盾点を指摘した。すると裁判官は、正義とは何かについて正確に表現できなくなった。

正義とは徳なのか？

自制と関係があるものなのか？

自分自身は、正義を貫く行動が取れていただろうか？

疑問は次々に浮かんできた。ソクラテスはこのようにして、**共同での知恵の探求に引き込むことで、対話者に考えさせた**のだ。

ソクラテスの哲学的思索は実践的だった。彼は抽象的な概念を、具体的な状況に当てはめて議論した。ソクラテスにとって哲学とは、日常的な経験との関わりの中でその価値を証明しなければならないものであった。

ソクラテスがしていたのは、一種の行動分析だった。人間がどう行動し、思考するかを問い、それらを支配する規則を抽出しようとした。無意識のルールや考え、意見を明確にし、疑問を投げかけ、深く理解しようとしたのだ。

▼真の知識は「対話」でしか得られない

ソクラテスは、書物を読むことは堅苦しく学術的で非実用的な学習にしかならず、**真の知識を得る唯一の方法は対話であるとも信じていた。**ソクラテスの問答法は、ギリシア語で「助産師として働く」を意味する、「産婆術（maieutikē）」という言葉で知られるようになった。

母親が助産師で、出産の過程に精通していたソクラテスは、相手から知識を引き出すという自らの仕事を、子どもを産むことによく喩えていた。

プラトンがソクラテスとの対話を描いた『メノン』の中で、ソクラテスはこう述べている。

私が語ったことの中には、まったく自信がないものもある。

けれども私たちは、自分が知らないものを探しても何も知ることはできず、何の役にも立たないという愚かな空想にふけるよりも、知らないことを知ろうとすべきだと考えることで、より良い存在、勇敢で、無力ではない存在になれるだろう。

これは、私が言葉と行動で、力の限り戦おうとしているテーマだ。[1]

結局、ソクラテスはこの戦いで命を犠牲にすることになる。彼は70歳のとき、アテネの若者を堕落させたとして告発され、死刑判決を受けた。

ソクラテスは長年にわたり、批判的な質問で人々の反感を買ってきた。彼のことを、怪しげな議論や邪悪な誤謬《ごびゅう》を広め、若い世代に権威に逆らうことをそそのかす詭《き》弁《べん》家だと蔑《さげす》む者もいた。

プラトンの『ソクラテスの弁明』には、ソクラテスの裁判に関する膨大な記述がある。ソクラテスはアテネの陪審員５００人の前で自らの無罪を主張し、自分に悪評が立つようになった経緯を説明した。しかし、そのついでに検察官を皮肉った。自らの裁判を重大なものとは受け止めていないようだった。その結果、陪審員の大多数である３６０人が有罪に投票した。

ソクラテスは毒殺刑を言い渡されたが、死をおそれていなかった。死はある種の無、夢のない永遠の眠りのようなものか、死者の集う場所に魂が移動するものだと考えていたからだ。
ソクラテスは、無はおそれるべきものではなく、その代替物でもないと主張した。ソクラテスの死を、哲学の「ビッグバン」の瞬間であり、哲学史の出発点と考える人は多い。[2]

▼「探求する態度」を取り戻す

プラトンは、ソクラテスとの数十に及ぶ対話を記録している。もちろん、それらがどの程度事実に即したもので、どの程度がプラトンの想像によるものなのかはわからない。はっきりしているのは、ソクラテスの対話の記録が、「ソクラテス式問答法」と呼ばれる体系的な方法につながったということだ。

ドイツの哲学者、教育者、政治活動家のレオナルド・ネルゾン（1882～1927）は、現代のソクラテス式問答法の創始者である。彼の目標は、ソクラテスの対話術を、正当な場所に復活させることだった。すなわち、哲学史の中の抽象的で理論的な存在としてだけでなく、教育や組織、政治、他の日常生活の分野に応用できる実践的なツールにすることだ。

ネルゾンは、**現代人の会話に驚きや省察、深みをもたらすには、ソクラテスのような探求の態度が必要**だと考えたのだ。

▼なぜ現代人に「質問の哲学」が必要なのか？

現代人は、ただでさえ十分に忙しい日々を送っている。それなのになぜ、良い質問をしたり、哲学的な態度を身につけたりする訓練をすべきなのだろうか？

正当な理由はたくさんある。

まず、それは今の世界が必要としていることだからだ。時代のスピードが速く、二極化が進む現代では、**ペースを落とし、哲学的な態度を取り、相手に純粋な関心をもち、適切な質問の技法を知っている人は、大きな恩恵を受けられる。**

公開討論やトークショー、インタビュー、オピニオン記事、オンラインやオフラインでの議論、さらには夕食時の白熱した会話まで、今日の議論は攻撃と防御の形を取ることが多い。その結果、雑多な意見の寄せ集めや、反対意見との綱引きに煽られた泥仕合に終わるのが関の山だ。ほとぼりが冷めると、誰もが自分の陣営に引きこもり、自らの閉ざされた考えにさらに深く沈んでいく。

私たちは、自分の意見を押しつけようとするのではなく、相手に注意を向け、話に耳を傾け、理解するための方法を見つけなければならない。

そのために必要になるのは、深い理解につながる適切な質問だ。それがないと、創造性や想像力、批判的に考える能力が失われてしまう。

質問の焦点を絞ることで、私たちはこれらのスキルを身につけ、効果的かつ繊細な方法で、豊かで、自由で、複雑な会話ができるようになる。本書は、それを支援する。

私たちは、好奇心をもち、質問し、相手の視点を探ろうとする態度を、今この場所から始められる。目の前の相手との会話の中で、友人や家族との会話の中で、夕食の席で、職場で、仕事帰りの飲みの席で――。

私たちは日々の会話を通して、この良い変化を起こしていけるのだ。

この対話のスキルを身につけるべき2つ目の理由はシンプルだ。それは、**会話の質が大幅に向上する**からだ。

家族と夕食のテーブルを囲むとき、「今日の学校はどうだった？」とか「仕事は忙しかった？」とばかり尋ねるのではなく、もっと面白い会話ができたらよくないだろうか？

飲み会や教室、誕生日のお祝いの席での会話であれ、**好奇心をもっていつもと違うタイプの質問をすれば、会話はもっとワクワクしたものになる。**

思慮深い質問の技法を身につければ、相手の世界に入り込むパスポートを手にできる。お互いを深く知り、新たな発見をし、意外な視点や刺激的で斬新な考え方にたどり着けるようになる。価値ある対話をすることで、人生は豊かになる。

3つ目の理由は、「楽しいから」だ！　**考え、問い、哲学を実践することは、楽しい。**

私の生徒の1人は、中毒性があるとさえ言っている。

思考が明確になり、問題の核心を効果的につかめるようになり、無意味なことと意味のあることを区別できるようになる。

対話を通して、相手とともに新しい視点を得て、アイデアを発展させ、問題を調査し、解決するための新たな方法を探っているという感覚がある。

その過程のすべてが豊かで、興味深く、楽しい。それは、考えるための空間をつくることだ。そこは柔軟に、機敏に、軽快に動ける場所になる。

他人の思考のプロセスを発見し、探求すること、誰かと一緒に知恵を探求していくことは、他では体験できないような「ゲーム」になる。

最後の4つ目の理由は、**誰かと一緒に質問を通して知恵を探っていくと、自分自身についての理解が深まる**ことだ。

新鮮な目で世界を見つめ、何事にも疑問をもつことで、既成の答えではなく、アイデアを探求し、自分で答えを見つけられるようになる。

私は、良い質問は相手との本物のつながりをつくると信じている。お互いの違いや共通点を理解し、自分が何者であるかという本質に私たちを導くようなつながりだ。

研究者のブレネー・ブラウンは、恥や勇気、傷つきやすさ、愛など、つまり私たちを人間たらしめるあらゆるものを研究している。彼女の言葉を借りれば、「人間はつながりを求めるようにできている」。私たちは、仲間との有意義なつながりを感じたいのだ。

そして、今この世界が必要としているものがあるとすれば、間違いなくそれは「有意義なつながり」である。

本書は、その手助けをするためにある。

本書の第1章では、**なぜ人は良い質問をするのが苦手なのか**について考察する。私たちが質問するのを避けるのはなぜだろうか？　質問をするという単純な行為が、なぜこれほど難しく、気まずく、おそろしいものになるのか？

第2章では、良い質問をし、哲学的な思考をするための出発点である、**ソクラテス的な態度とソクラテス式問答法を身につける**ことに取り組む。

第3章では、**適切かつ深い質問をするための基本的な条件**を整える、きわめて有用な数々のスキルを身につける。相手の話に純粋かつシンプルに耳を傾ける方法や、言葉の重要性、シャーロック・ホームズから学ぶ切れ味鋭い質問の条件について探っていく。

第4章では、**技術的なヒントやコツ**を紹介する。明確、包括的、詳細な質問をするためのテクニックとそれが効果的な理由、質問の落とし穴を認識して回避する方法を学んでいこう。

最後の第5章では、次のステップに目を向ける。良い質問ができるようになったら、次は何を目指すべきか？　それは、会話だ。会話については語るべきことがたくさんある。**どうすれば会話を深くできるのか？**　実践哲学的な探求に入り、相手とともに賢くなるにはどうすればいいのか？

では、早速始めよう。

QUEST「質問」の哲学
――「究極の知性」と「勇敢な思考」をもたらす　目次

第4章 質問の技法

第１章

なぜ私たちは良い質問をするのが下手なのか？

知識があることをうぬぼれる
――それは恥ずべき一種の無知だ。

ソクラテス[1]

「良い質問」ができない私たち

私たちは、良い質問をするのが本当に苦手なのだろうか？　もしそうなら、それはなぜなのだろうか？　何より、私たちにはこの問題を乗り越えられるのだろうか？

第1章では、**「そもそも質問とは何か？」「私たちはなぜ質問を避けるのか？」「なぜ良い質問ができないのか？」**といった問題について考えていこう。

▼「本当に良い質問」をするために学ぶべきこと

私は自分の仕事が大好きだ。パーティーや交流会の場で、誰かに仕事について尋ねられると、つい熱く語り始めてしまう。「哲学的なアプローチを用いて、良い質問をする方法を人に教えています。自分の思考プロセスを理解するためのワークショップや講座、パーソナルコーチングも提供しています。それから――」たいてい、このあたりで相手に話を中断される。

「良い質問をする方法を教える？　そんな必要はあるかしら？　私は一日中誰かに質問をしているけど、そんな講座を受けたいとは思わないわ」

つい心の中で、相手に皮肉の一つもつぶやきたくなる。「良い質問をする方法など教えてもらわなくても結構」と断言する人に限って、オープンでも好奇心にしたがったものでもない、誘導的で表面的な質問をしているものだ。それは、本当の質問とは程遠い。

本当に良い質問をするために、私たちには学ぶべきことがたくさんある。

もちろん、パーティーで話した友人はある意味で正しい。私たちは一日中質問をしている。少なくとも、私たちはそう思っている。

けれども、**「私は一日中質問をしている。だからきっと質問が上手に違いない」と考えていたら、実際にはそうでない可能性が高い。**私たちが質問だと思っているものは、単に言葉の末尾に疑問符をつけた文であることが多いからだ。

誰でも呼吸をしているが、研究によって、十分な呼吸をしている人は少ないことがわかっている。私たちの呼吸は、速過ぎるし、浅過ぎるのだ。

これは質問にも当てはまる。私たちが無意識に身につけた習慣は、実は不完全なものであるケースが多いのである。

私たちは闇雲に、相手に大量の質問を投げかける。それらは不完全で、遠回しで、口先だけで、タイミングが悪く、あるいはそもそもまったく質問の体を成していない質問だ。

「トムは最近、イライラしてると思わない？」

「なぜいつもと違う方法をしなければならないの?」

「今回の言いわけは何?」

「マイクは太ったと思わない?」

「アンナが来なかったのは怖かったから? 怒っているから? それとも……?」

誰かから悩みごとを相談されると、私たちは何が原因なのかを尋ねる前に、問題を解決しようとする。

「彼女と話してみた?」

「あの心理療法士はよかったわよ。お勧めするわ」

あるいは、次々とアドバイスを与える。

「何をしたらいいかわかる? まずは——」

「誰々に電話すればいいんだよ」

相手の話をよく聞かずに、自分の経験に重ね合わせてしまったりもする。

「まったく同じことを経験したことがあるよ。ただ私の場合は——」


私たちは、相手の視点に立ってよく考えようとするのではなく、自分の知っていることを相手に納得させようとする。相手が何を伝えようとしているのかに耳を傾けようとせず、すぐに自分の経験に置き換えようとする。

相手がまだしゃべっているのに、その中身をよく聞こうとせず、相手が話し終わった直後に何を言おうかと考えている。

「うん、でも僕の意見はそれとは正反対だな」

けれども本当は、私たちはじっくりと相手の話を聞けるのだ。

幸い、適切な質問をする方法は学ぶことができる。訓練をすればその技量を高められる。

質問は道具のようなものだ。適切に使えば、議論は深まり、相手の視点を探れる。

技量を高め、明確な意識をもてば、より効果的に質問を使える。

▼そもそも質問とはいったい何なのか?

質問とは何だろうか?　私たちは「質問」という言葉の意味を知っていると思いが

ちだ。しかし、よく考えてみると、**私たちが尋ねる質問の多くは、実は質問ではない**。たいていの場合、それは質問を装った、自分の意見や仮定、仮説の表明にすぎない。

「アリスが正しいと思わない？」
「つまり、こういうこと？」
「ベンの言うことにも一理あるよね？」

これらは、**質問に見せかけた自分の考えであり、相手に確認を求める仮説である。**注意して観察してみれば、私たちが日常的にしている質問が、いかに本当の質問とは正反対のものであるかがわかるだろう。

オックスフォード英語辞典は、「質問」を「人から情報を引き出すために表現された言葉や文」と定義している。これは質問とは何かについてのもっともな説明だが、その言葉や文がどのように扱われるべきか、その背後にある意図や相手への影響はどのようなものかについては触れられていない。

実践哲学の考えにしたがって「良い質問の技法」に焦点を当てる本書では、質問の定義は次のようなものになる。

・考え、説明し、研ぎ澄まし、深く掘り下げ、情報を提供し、調査し、つながることへの「招待状」である。
・明確であり、オープンで好奇心旺盛な態度から生まれる。
・常に相手とその話に注目する。
・相手の考えをはっきりさせたり、新しい発見を得たり、新しい視点をもたらしたりする。
・アドバイスをしたり、仮説を確認したり、考えを押しつけたり、意見を共有したり、提案をしたり、相手に「品定めされている」「追い詰められている」と感じさせたりするものではない。

最後のポイントは特に重要だ。これは当たり前のことのように思えるかもしれないが、**私たちが日常的に尋ねる質問の多くは、この「立ち入り禁止区域」に当てはまっている。**

パートナーと激しい口論をした話をすれば、親友から「つまり、彼と別れようと思ってるってこと？」と尋ねられ、イタリア旅行の話をすれば、同僚から「1週間もパスタやピザばかり食べ続けたら飽きるでしょう？」と聞かれ、母親の健康が悪化していて心配だと伝えれば、友人から「介護するの？　たいへんよ。私もしばらくは自分でやっていたけど――」と言われてしまう。

私たちは無意識のうちに、自己中心的な質問をしてしまう。気づかないうちに、質問を通して自分のおそれや感情、考え、偏見、欲求を相手の話に投影しているのだ。

▼「悪い質問」と「良い質問」

「悪い質問なんてない」という言葉を耳にすることがある。相手に聞きたいことがあるのなら、溜め込まずに尋ねればいい、と。それは基本的に良いことだ。

とはいえ、質問の意図が健全で、質問者の動機に非の打ちどころがなくても、質問自体が的外れになることはある。作家のオスカー・ワイルドは、「道徳的な本や不道徳な本など存在しない。よく書かれた本と悪く書かれた本があるだけだ[2]」と述べた。

質問も同じだ。**質問は本質的に、良いものでも悪いものでもない。**しかしその表現の仕方や使い方には、良し悪しがあるのだ。

本書での「良い質問」とは、相手に考えることを促す、純粋かつ誠実な質問のことだ。それは、相手に影響を与えたり、特定の方向に導こうとしたりしない質問だ。問題を解決しようとも、自分の考え方を押しつけようともしない。

ここで具体的な例を挙げると、ポイントがずれてしまう。ある文脈でうまくいく質問でも、別の文脈ではうまくいかないことがあるからだ。

▼「深い会話」とは何か？

本書では、「深い会話」、すなわち問題の核心に迫る、中身のある会話についても考察していく。

深い会話とは何かについては、じっくりと考えてみる価値がある。ふたりがそれぞれの意見を述べたり、体験談を交換したり、世間話をしたり、自分の話を相手の話にかぶせたり、同時に自分の話をしたりするのは深い会話ではない。

深い会話とは、相手の経験を探ることであり、その人がもつ考えや概念、疑問、とりわけその人の人間性について深く考察することだ。

相手の経験に目を向けるのは、思っている以上に難しいことだ。意図的にそうしないと、自分の考えや経験ばかりを話してしまい、相手のことを深く探ろうとしなくなるからだ。

深い会話とは、刺激的な共同作業であり、一緒に知恵を探すものでなければならない。

以前、私が祖母に「足首を捻挫した」と知らせると、次のような反応が返ってきた。

「あらまあ、かわいそうに! グレタの姪っ子も去年、足首を捻挫してたわよ。3週間近くも運転できなかったし、歩くこともできなかったから、病人同然だったわ。ひどい! 本当にひどいわ!」

善意にあふれてはいるが、残念ながらこれは深い会話だとは言えない。

▼「良い質問」ができない6つの理由

良い質問ができるようになるためにはまず、「なぜ人は良い質問をするのが苦手なのか」を理解することが重要だ。

その理由を理解すれば、自分もその典型的な失敗をしがちであると気づくかもしれない。その知識があるだけでも、質問者としての自らの能力に意識的になれ、落とし穴を避けやすくなる。

本書の執筆にあたり、私は多くの人に意見を求め、インタビューを行い、さまざまな種類の質問をした。

その中でも特に重要な質問だったのは、**「あなたが質問をためらう理由は何ですか？」**と**「なぜ人は質問をためらうのだと思いますか？」**の2つだった。

私は、寄せられた回答と、自分自身の調査や経験、発見、結論を組み合わせて、人が良い質問をできない理由を次の6つに大別した。

1. **人はそもそも自分の話をしたがる**——自分のことを話すのは、質問をするよりもずっと気分がいい
2. **尋ねるのが怖い**——質問をすることで、ネガティブな結果を招くかもしれないと不安を感じている
3. **良い印象を与えたい**——質問するより、自分の意見を述べるほうが相手に良い印象を与えられると思っている
4. **客観性の欠如**——私たちの「客観的な視点で物事を考える能力」は低下している
5. **忍耐力がない**——良い質問をするのは時間の無駄だと思っている
6. **そもそも方法を知らない**——良い質問をする方法は、誰も教えてくれない

この第1章では、これらを一つずつ見ていこう。

良い質問ができない理由1
——人はそもそも自分の話をしたがる

私たちは、自己中心的過ぎて良い質問ができないことが多い。

基本的に、人は他人よりも自分に興味がある。

私たちは自分の意見や考え方、アイデンティティ、ストーリーばかりを気にしてしまうのだ。

自分の話をしたがる私たちの習慣を以下に挙げる。

▼話を遮《さえぎ》る、まくし立てるように話す、自分の意見を何度も繰り返す

相手に何かを尋ねても、数秒で話を遮り、自分のことを話し始める人がいる。

「島への旅行はどうだった? 何かいいことあった?」

「音楽祭に行ったんだけど、楽しかったよ。あと、海岸沿いを走る素敵なサイクリングロードもあった。それから――」

「ああ、何年か前に、ジェイクと一緒にその音楽祭に行ったことがあるわ。彼と旅行に行き出した頃の話よ。あの音楽祭、最高だったわ。でも夜は寒かった! 凍えるくらいね。6月だったから、コートをもっていくことなんて考えてもみなかった。あの島の天気がどんなふうに変わるのか、痛い目に遭いながら学ぶことになったわ――」

こんなふうに人の話を遮れば、会話が台無しになることは誰もが知っている。「あの人が大好き! こっちが話し始めるとすぐに口を挟んでくるし、何度も自分の意見を繰り返してくる……なんてすばらしいんだろう!」と言う人に私は会ったことがな

い。

もちろん、こうした行為は苛立たしい。とはいえ私たちは、なぜ人がそのようなことをするのか、その理由については深く考えようとしない。それは、相手の話を聞いていないことの表れなのだ。

話を遮ったとたん、相手を理解しようとする努力を放棄し、自分の話をすることだけで頭がいっぱいになる。まくし立てるように話を続け、会話を乗っ取り、相手に話に加わる余地を与えようとしない。

自分の意見を何度も繰り返すのは、相手の考えに興味がないことの証明だ。

▼相手が話をしているあいだに、自分が言うことを考えている

私たちは、相手がまだ話を続けているのに、それを上の空で聞きながら、自分が次に何を言うかを考えていることがある。〈まずは、相手が切り出した話について言うべきことがあるな。同意できない点もあるし、自分なりの意見もあるから。それに、

まずそのことを言っておかないと、自分が本当に言いたかったことも忘れてしまいそうだ。この問題について、そろそろ自分の意見をはっきりと伝えておかないと〉。

頭の中で考えがぐるぐるまわっているのは、相手の話を半分しか聞いていない証拠だ。自分のことを考えるのに精一杯で、相手と関わろうとする余裕がない。

こんなふうになってしまうのは、あなただけではない。頭の中で自分の意見や経験談、アイデアを検索し始めるのは、多くの人がしていることだ。

アナ「今日、仕事を辞めたの。緊張したけど、思い切って行動できたことを誇りに思うわ。何日もかけて勇気を振り絞り、ついに上司のオフィスに乗り込んで、辞めるって伝えた」

ウォルター「次の仕事は決まってるの？」

アナ「いいえ、まだよ。でも――」

ウォルター「それはあまり賢明な行動じゃないと思うわ。今後の目処が立っていないのに、今の仕事を辞めてしまうなんて。特に、今は世の中が不安定なのに」

アナ「そんなに悪いことじゃないわ。ちゃんと決断する前にメリットとデメリットを天秤に掛けたわ。そしてじっくりと、自分にとって何が大切なのかを考えた」

率直に言って、ここでは本当の対話は行われていない。**会話の多くは、お互いがそれぞれ自分の意見を語っているだけにすぎない。**2つの独白（モノローグ）を足しても、対話（ダイアローグ）にはならない。

▼反射的にアドバイスを与えようとする

会話中に相手が問題を抱えていることがわかると、赤い巾《きん》に反応する牛のように、その問題に突撃する人は少なくない。相手が置かれている状況を詳しく探ろうとはせず、こうすればいい、ああしたほうがいい、といったアドバイスを与えようとするのだ。

「どうすればいいかわかる？　あの人に電話すればいいよ。あれを試したことがある？」

問題を詳しく理解し、相手の考えや動機、経験を知るための質問をせずに、自分の頭の中にある解決策や修正案にすぐに飛びつこうとする。**こちらは助けよう、アドバイスを与えようとしていても、相手がそれを望んだり、興味をもってくれたりするとは限らない。**

このことをテーマにした本を書いている心理学者のフーブ・バイセンは、次のように述べている。[3]

私たちは、誰かにアドバイスするのを我慢できないことがある。そして、それを相手が求めているものだと思っている。〝相手は問題があると語っているのだから、解決策を求めているに違いない〟と考えるのだ。それに、救いの手を差し伸べることは気分が良く、幸福感や自尊心も高めてくれる。だが、他人の問題の解決策を思いつくのがどんなに魅力的であっても、その誘惑には抗うべきなのだ。[4]

反射的にアドバイスをしようとしたり、救いの手を差し伸べようとしたり、自分の経験を話そうとしたりするのは、気分がいいかもしれないが、良い質問を妨げる大きな原因になる。**相手が自分で、自らの価値観や人生観に合った納得できる答えを見つけることのほうが大切**だからだ。

▼「私も同じことをしたことがある！」と言う

会話を乗っ取る才能のある人もいる。例えば、あなたがモルディブ旅行から戻ったばかりで、そのことを誰かに話したくてたまらないとする。深呼吸をして、旅先での経験を話そうとしていると、誰かが割り込んできて、熱っぽく自分の話を始めてしまう。「ああ、モルディブに行ってきたの？　新婚旅行で行ったわ！　きれいなところよね！　島をいくつか周遊して――」

会話の相手に話を乗っ取られ、延々と自分の話をされることほどイライラするものはない。ときには、マウントを取ろうとする人もいる。「モルディブ？　たいしたところじゃないわ。私は新婚旅行でアメリカ大陸のいろんなところに行った。チリからコスタリカ、キューバまで。最高に楽しかったわ！」

ここでも、「会話地獄」への道は、善意が敷き詰められている。**私たちは、相手と同じ熱意があることを示すために、「私も！」と、自分の似たような経験を躍起になって語ろうとする。**相手とのつながりを深め、波長を合わせたいと思ってのことだが、逆効果を招くことが多い。相手はがっかりし、苛立ち、話をやめてしまうこともある。

まとめると、**私たちは会話に反射的に反応してしまうために、良い質問ができなくなっているケースが多い。**

誰かが身の上話をしたり、困っている問題のことを説明したり、何かを質問したりすると、私たちはすぐにアドバイスをし、救いの手を差し伸べ、似たような自分の体験談を話そうとする。

しかし実際には、相手よりも自分自身のほうに意識が向いている。相手とのつながりを深めたい、自分は味方だと伝えたいと思い、そのために懸命に話そうとする。けれども皮肉にも、相手は自分に関心をもってもらえているとは感じず、会話への興味を失ってしまう。最悪の場合は、二度と話をしてくれなくなる。

▼自分のことを話すのは気分がいいが、質問をするのはそうではない

私たちが、相手の話に割って入り、自分のことを話してしまうのは驚くべきことではない。それには、とても論理的な説明がある。つまり、そうすることは気分がいいのだ！

研究によれば、私たちは話をしているうちの６割で、自分自身について話している。[5] ＸやフェイスブックなどのＳＮＳだと、その数字は８割に跳ね上がる。**人間にとって、自分の悩みや喜びを誰かに話すことほど楽しいことはないようだ。**私たちは自らの成功を饒舌に語り、不満を話のネタにする。主役は自分自身である。私が、私の、私は――。

これには確固とした生物学的根拠もある。研究によれば、自分のことを話すこと、つまり頭の中の考えを話したり、個人的な情報を誰かに伝えたりすることで、脳内化学物質であるドーパミンが分泌され、私たちをうっとりとした気分にさせることがわ

かっている。

この現象を調べたハーバード大学の実験がある。[6] まず、被験者195人に自分の意見や性格の特徴について話し合い、次に他人の意見や性格の特徴について話し合うように依頼し、fMRIスキャン（脳の活動を測定し、感情的な反応があるときに脳内で何が起きているかを記録できる装置）を使ってそのときの脳波を測定した。

その後、被験者が自分についての話をしていたとき（自己への注目）と他人についての話をしていたとき（他者への注目）の神経活動の違いを調べた。

その結果、脳の3つの領域の活動状態が際立っていたことがわかった。予想通り（過去の研究の通り）、自己開示（自分について話すこと）は、自分について考えることに関連すると考えられている内側前頭前皮質の活動レベルを高めた。

しかしこの実験では、側坐《そくざ》核《かく》と腹側被蓋野という、これまでこの種の思考とは関係がないと考えられていた2つの領域も活性化していたことがわかった。どちらも中脳辺縁系ドーパミン系の一部で、セックスやコカイン、おいしい食べものなどの刺激と結びつく報酬反応や快感に関連している。

自分の話をするときにこれらの脳の部位が活性化するという事実は、**自己開示や自分の経験談、自分自身について話すことが、セックスやドラッグ、おいしい食べもの**

を口いっぱいに頬張るくらいに楽しいものであることを示唆している。他の話題がどんなに興味深くても、人が自分のことを話したくなるのも無理はない。自分のことを話すのは単純に楽しいし、相手に質問をするよりも、直接的なメリット（ドーパミンがもたらす強い高揚感！）を与えてくれるのだから。

ソクラテスは、自分の話はそれほど面白くないと言うだろう。彼にとって、真に実のある豊かな会話とは、他人の考えや、信念や出来事を探求することで得られるものであった。賢くなることは共同作業であり、他人の心こそ、新たな発見ができる場所なのだ。

私が教わった哲学の教授は、講義で、**「意見」と「アイデア」を区別**していた。彼は、意見は誰かのものであると言った。意見とは、誰かの見解である。それが疑問視されると、間接的ではあるものの、自分自身が疑問視されたように感じる。

一方、アイデアは誰のものでもない。アイデアとは文字通り、アイデア（訳注：思いつき、考え、発想など）である。そこには議論の余地がある。だから遠慮なく疑問をもち、異議を申し立て、却下できる。

アイデアを交換すれば、対等な立場で会話ができる。お互いの考えを交換し、質問をし、ともに賢くなっていける。

☑ チェックポイント

・ここまで説明してきた会話の落とし穴の中で、自分に当てはまるものはあっただろうか? おせっかいなアドバイスをしてはいないだろうか? 自分のことばかり話してはいないだろうか?
・次に誰かと話をするとき、アドバイスしたり、割り込んで自分の話をしたりすることが、会話や相手にどう影響するかを観察してみよう。それは相手や会話の雰囲気にとってポジティブに作用しているだろうか?
・誰かに何かを伝えているとき、話の途中でおせっかいなアドバイスをされたら、どう感じるだろうか?
・自分の経験を話しているとき、相手が似たような経験談を長々と話し始めたら、どう感じるだろうか?

良い質問ができない理由2——尋ねるのが怖い

▼なぜ質問をするのが怖いのか？

本書の執筆にあたり、「質問」について人々にインタビューをしたとき、「誰かと話をしていて、ある質問をしなかったとき、そう決めた理由は何ですか？」と尋ねた。私が受け取った答えは、誰もが共感できるものだ。

質問をするとき、人は次の3つをおそれる。

1．相手を不快にさせるかもしれない

2．自分が痛みや不安を感じるかもしれない

3．葛藤や衝突、全般的な不快感が起こるかもしれない

こうした、ある種の質問をすることに対するおそれについては、ストーリーテラーでありインタビュアーでもあるシグリッド・ファン・アイアセルも次のように語っている。

質問時に何よりも難しいのは、相手の反応を予測することだ。こちらの質問が、相手を困らせるのではないかというおそれを感じる。

相手に恥ずかしい思いをさせるかもしれないし、きわめて個人的な問題を尋ねることになるかもしれない。

質問者として私が一番躊躇するのは、相手の弱さに触れるような質問だ。

障害のある男性に、何ができなくなったのか、何が一番恋しいのかを尋ねてもいいのだろうか？　読み書きがわずかにしかできない女性に、インタビューの書き起こしを見たいかと聞いてもいいのか？　彼女はそれを読めないのではないか？

結局は尋ねたが、嫌な気分を味わった。彼女ではなく、私がだ。

彼女は言葉のハンディキャップを抱えていることへの恥ずかしさを、はるか以前に克服していた。

相手の弱さについて尋ねることは、依然として難しい問題だ。私たちは、自分が感じる恥ずかしさを相手に投影して、相手の弱みに触れるような質問をすれば、相手がそれを不快に感じたり、険悪な雰囲気になってしまったりするかもしれないと心配する。それは、私たち自身の弱さを物語っている。不十分な考えで相手に質問を投げかければ、自分を責めることになる。

だから私は、結局はこうしたデリケートな質問をしない場合が多い。けれども同時に、機会を逃したような気もする。[7]

シグリッドが言うように、**私たちは、有意義で核心を突いているが、相手を不快にさせるかもしれない気まずい質問をすることをおそれている。**

しかしこの種の質問は、真の結びつきをもたらしえるものだ。

なぜなら、人生で重要なことの多くは、脆弱な領域に位置しているからだ。

それなのに、私たちはこうした質問に相手は答えたがらないだろうと決めつけてしまう。

▼自分の基準で話題を選んでしまう

自分自身の不快感や恐怖心も、私たちが特定の質問を飲み込んでしまう理由になる。**出産や死、病気などの人生の大きな出来事を体験すると、それらは辛く、触れたくないテーマになる。**だから話題にするのを避け、相手にも質問しなくなってしまう。

身近な人を失ったり、病気を宣告されたりしたばかりのときは、がんや死別などのテーマを取り上げることに抵抗を覚えやすい。それも無理はない。そのような状況下では、自分の痛みや不快さ、あるいは泣いてしまうことをおそれて、質問をする勇気がなかなか出ないものだ。

約8年前、哲学的な問いの探求を始める前、私はある出来事を通して、おそれから質問を避けることに関する、大きな教訓を学んだ。

当時の私は、調教師兼乗馬インストラクターをしていた。生徒にキャロラインというかわいい女の子がいて、とても親しくしていた。彼女は調教されていない美しい牝馬を飼っていた。私はその馬を調教し、彼女に乗馬を教えた。毎週のように会っていたが、しばらくして彼女からの連絡が途絶えた。

一夏が過ぎた後、彼女から「2カ月前に父親が急死した」というメッセージが届いた。だから私に連絡ができなかったのだ。もちろん、私はお悔やみの言葉を贈り、彼女の幸せを祈った。それでも数週間後に乗馬のセッションで会ったとき、父親のことを尋ねる勇気はなかった。

その話題を口にするのはあまりにも気まずく、居心地が悪いと感じた。だから私は自分に言い聞かせた——キャロラインは父親のことを尋ねられて悲しみをかき立てられることなく、乗馬に集中したいと思っているはずだ、と。

しばらくして彼女は、私から父親のことを尋ねられなかったのが悲しいと言った。とても仲良くしていたから、自分の気持ちを伝えたかったのに、私がその話に興味をもっていないように思えたから、と。

その日、私は重要な教訓を学んだ。**自分の不快感や辛さを基準にして、相手に質問をするかどうかを決めてはいけない**ということだ。

▼波風を立てたくない

同意するのは反対するより安全だ。意見の違いがあることは、怖いものだ。拒絶されたり、排除されたりするかもしれないからだ。

理由にかかわらず、集団から疎まれることを望む人はいない。そして集団の規範から逸脱した意見をもつことは、集団から疎まれることの何よりも強力な理由になりうる。だからこそ、私たちは自分の信念を妥協しようとするのかもしれない。

私の「クリティカルシンキング」講座に参加した若い女性は、この傾向をうまく言い当てていた。「意見を求められたとき、私はまず様子を見ます。周りの人の話に注意深く耳を傾け、意見を探るのです。**他人の考えを理解してようやく、自分の意見をもつ勇気が出てきます**」

そして気がつくと、本当は賛同できない意見に同調してしまい、夜は自宅のソファに座って、本心を言わなかった自分に苛立ちを感じるのだ。

一般的に、集団の雰囲気は全員の意見が一致したときに最高の状態になる。例えば、誰かの誕生日を祝う席では激論を戦わせたりはしたくない。そのため**無意識のうちに当たり障りのない質問をすることで、なるべく波風を起こさないようにする**。それが、物事を友好的に保つための方法だからだ。

人種や政治、宗教、気候危機などに関する質問をすることには、リスクが伴う。これらのトピックには、個人的な感情や、経験、政治的見解、思惑が強く結びついているからだ。

この種のトピックについての記事を読んだという他愛のないことから始まった会話が、白熱した議論になることもある。やがてそれは激しい口論に変わり、片方がドアをバタンと閉めて出て行ったり、後悔するようなことを叫んだり、さらには長く気まずい**沈黙**につながったりする。

▼本当の質問をしない文化

良い質問、すなわちオープンで、誠実で、好奇心旺盛な質問をすることは、信念に基づいた賭けである。

まず、純粋な問いを立てる。それを世界に発信し、答えを待つ。余計な情報はつけ加えない。ある答えを期待したり、アドバイスを盛り込んだりはしない。自分の意見や経験で着飾ることもなく、相手の答えを肯定したり否定したりもしない。

ただしもちろん、相手に反対の意見を述べられたり、せっかくの友好的な会話が気まずいほうに転がったりしてしまうリスクもある。

良い質問は相手のバランスを崩し、会話に緊張をもたらすことがある。そのため、失礼な質問をしたことを恥じたり、相手を不安にさせたりしてしまったことに罪悪感を覚えるかもしれない。

しかし質問の扱い方を変えれば、こうした罪悪感や恥ずかしさを抱く必要はなくなる。私たちは意図せずに、会話を難しくしてしまっている。

自分の不快感を、質問した相手のせいにする。

子どもたちに、「そんなことを人に尋ねてはダメだよ！」と言う。

ある種の質問に「不適切」「無礼」「個人的過ぎる」というレッテルを貼る。

あるいは、質問にそっけなく答えたり、「それはちょっと答えにくい質問です」と言って無難にかわしたりする。

真摯だが単刀直入な質問をしてしまうと、そのことを咎《とが》められてしまうリスクもある。その結果として生じる恥ずかしさは、できれば経験したくないし、繰り返したくない。

だから私たちは、深く掘り下げた、相手を安全地帯から連れ出すような質問を避ける――そのような質問こそが、良い会話と誠実なつながりをもたらす可能性を秘めているのに。

私たちは、非難されるリスクを冒すくらいなら、良い質問をしないほうがいいという「〝本当の質問〟をしない文化」をつくり上げてきたのだ。

これは奇妙なパラドックスだ。自分の信念や、傷つきやすさ、拒絶や動揺を招くことへのおそれから、本当に尋ねたいことを尋ねようとしないとき、私たちに残された選択肢は一つだけになる。

自分の経験に基づいて、他人の答えを先回りして考えることだ。**相手が何を考えているのか、何を感じているのかを決めつけるのだ。**

他に選択肢があるだろうか？　本当の質問をしようとしなければ、そうせざるをえなくなる。

☑ チェックポイント

・あなたが質問をしないのはどんなときだろう？　何をおそれているのか？　相手を不快にさせること？　自分の恐怖？　対立や口論？

・本当に聞きたかった質問を飲み込んだことはあるだろうか？　その決め手になったのが何かを覚えているだろうか？

・相手の考えていること、感じていることがわかると決めつけてしまうのはどんなときだろうか？　なぜ、確認もせずに、こうした前提を立ててしまうのだろうか？　具体例を思い出そう。

・会話をコントロールしようとして、質問の表現方法を変えているときはあるか？　自分がそうしていることをどうやって見分けられるか？

良い質問ができない理由3——良い印象を与えたい

▼質問をする人は自信がない？

私たちが質問を躊躇してしまうのは、一般的に、質問をすることは周りに良い印象を与えないと考えられているからでもある。

質問をするということは、何かを知りたいということであり、つまり無知であることと（少なくともその時点では）を暗示している。

「私はそのことがわかりません」と言うのは、あまり格好よくはないし、セクシーでもない。それは印象を良くしないし、履歴書にも書けない。質問をすることは、自分を際立った存在にしたり、高い評価をされたり、昇進を勝ち取ったりすることには結びつきにくい。

今日の世界で求められているのはリーダーや意思決定者、人を鼓舞して物事を動かす人、仕事のできる人、自分の考えがあり自信をもって話す人、などだ。

私たちは、「知らないこと」と「愚かであること」をすぐに結びつけようとする。

勇気や恥、共感などを研究しているブレネー・ブラウンは著書『Braving the Wilderness（荒野に立ち向かう）』（未訳）の中で、次のように書いている。

> 記憶している限り、昨年、私は誰かに質問されたとき、意見を述べなかったことはない。その問題について十分な視点や知識がなかった場合でもだ。（中略）相手に合わせることが重視される社会では、家庭や職場でも、大きなコミュニティでも、好奇心は弱点と見なされる。質問をすることは、学ぶ意欲があると評価されるのではなく、反感を買うことに等しい。[8]

知らないことや疑うことに「劣っている」というレッテルを貼ることで、私たちは良い質問をする代わりに、無知な意見がはびこる温床をつくっている。自分の無知を隠すために、深く分析的な会話を避け、コーヒータイムの雑談でお茶を濁す。疑問ばかり抱いている愚か者と思われないように、知ったかぶりをする。

「質問をする人や疑問をもっている人は自信がない。自信がない人は相手にする価値がない」。こうした考えのもと、私たちは自らを有能に見せるために、自分の意見を客観的な事実として話そうとする。

▼脳は「じっくり考える」のが苦手

現代の社会では、世知に長け、機知に富んでいることを示すために、意見を口にすることが暗黙の了解になっている。それは事実上、公的な討論に参加するための前提条件だと言える。

できる限り断定的な言葉で意見を述べることは、疑いをもったり沈黙したりするよ

りもはるかに望ましいと考えられている。
しかし同時に、これが実際に社会の幸福にどれくらい貢献しているのかは問うてみるべきだ。意見を変えることは弱点と見なされるが、それこそがまさに「アジャイル・パースペクティブ」の本質なのだ。

疑念は、積極的にもつべきものだとは思われていない。**人間は昔から、確信がもて、自分の立場をはっきりとさせられるものを好んできた。**人類は疑念ではなく、安心できる確かな事実をもつことで繁栄してきたのだ。

私たちの脳は、最終的な結論が明確ではない「オープンエンディング」な何かにうまく対処できない。まだ答えが出ていない質問も、一種のオープンエンディングだ。私たちは「この宙ぶらりんの状態を解決したい」という欲求を抱く。これがテレビドラマで一話の最後に「次回はどうなるだろう？」と視聴者に期待させるようなハラハラした展開の終わり方にする、「クリフハンガー」と呼ばれる手法がうまく機能する理由だ。エピソードの終盤に向かうにつれて話を盛り上げ、結末を描かないまま最終シーンを終えることほど、視聴者を釘づけにする方法はない。

狩猟採集の時代、石槍をもって茂みに潜み、野生動物を待ち伏せしていた私たちの祖先には、迅速な答えが必要だった。どこに行けば簡単に食べものが手に入るのか、どうやって動物を仕留め、さばき、調理すればいいのかという技術は、生き残るために不可欠だった。生き延びるために奮闘していた先史時代の人類にとって、何かを改めてじっくりと問うことは基本的に不要だった。

その意味で、人間は自明のことを優先させるようにできていると言えるかもしれない。つまり、**わからないことについてじっくり考えたり、重要な問題を探求したりすることよりも、必要なものを得るために素早く直接的に行動することを求めている**ように思える。

「今何時？」とか「今夜の夕食は何？」と尋ねられた瞬間に、脳は必要な情報を検索し、事実と事実を結びつけ、その情報を使って何ができるのか、何ができないのかを分析して、次のステップに進もうとする。日常生活の中で、質問に素早く答えられるのはとても便利なことだ。

しかし、私たちは同じ傾向を、「転職すべきだろうか？」「離婚したほうが幸せになれるのだろうか？」「私はいい人間だろうか？」といった必ずしも簡潔で明確な答えを導けるとは限らない、もっと大きな質問にも当てはめている。

答えをすぐに探し、見つけることに慣れていると、人生の重大な問題に直面したときにも反射的に同じことをしようとしてしまう。**根本的な意見の相違や、重要な人生の選択に直面したとき、こうした反射的な判断がマイナスになってしまうことがある。**このような状況では、「わからない」ことに向き合わなければならない場合もあるからだ。

▼オピニオンリーダーではなく、クエスチョンメーカーになる

意見を言うことで周りから良く思われたいという欲求から生まれたポジションがある。オピニオンリーダーだ。

オピニオンリーダーとは、自分の意見を声高に主張することで、他人にも同じ考えをもつよう促す人のことである。何も考えが浮かばないときには、彼らと同じことを言えばいい。

私たちは、誰かの力を借りなければ意見が述べられなくなっているようだ。自分の

頭で考え、根拠のある深い意見を述べる方法を忘れてしまったのだろうか?

確かに、オピニオンリーダーが鋭い視点を与えてくれることもある。思考を刺激し、物事を違った角度から見せてくれる意見も少なくない。

しかし、オピニオンリーダー同士がお互いに譲らずに意見を対立させれば、二極化のための絶好の条件が整うことになる。隅に追いやられた微妙なニュアンスの違いは、意気消沈して物陰に隠れてしまう。

このような既成の意見のぶつけ合いは、私たちを怠惰にする。何もせず、どちらか好みのほうを選べばいいからだ。そして、別の言葉の達人が反対意見を弁舌巧みに表現すると、簡単に寝返る。

私たちは新しいジャケットを選ぶように、さまざまな意見を試着して、着心地を確かめる。そこには自分の意見や考えが少しばかりは含まれているかもしれないが、ほとんどは代わりに考えることをしてくれた誰かの意見の受け売りだ。

意見が公の場に発表されるスピードが速くなった今日、**私たちは自らの考えを整理するための余裕を失っている。**紅茶を淹れているあいだに、まったく新しい意見が飛び込んでくる。

オピニオンリーダーが何事に対してもすぐに見解を喧伝《けんでん》するのと同じくらい必要なのは、**「わかりません」と言い、よく練られた質問を考えるために静かな時間を過ごせる能力**かもしれない。

「クエスチョンメーカー」というまったく新しいポジションを導入するときが来たのかもしれない。自分がまだ知らないことを進んで認め、答えをひねり出すことよりも、思考を深めるための質問をすることに重きを置く人たちだ。

クエスチョンメーカーは、人々に冷静な熟考と省察を促す。**意見を示すのではなく、探求心をもって問題を探っていく。**相手に考えさせ、対話を促すような質問を投げかける。思考を深め、明確にし、新たな視点を養うような質問だ。

哲学者が、その役割をはたすこともある。オランダでは2011年以来、哲学界における桂冠詩人〔訳注：優れた詩人に授与される称号〕に相当する、桂冠思想家という称号がある。この思想家には、国民に鋭い質問を投げかけ、新しい考え方を示すことで、目まぐるしく移り変わる時事問題を大きな枠組みの中でとらえるための視点を提供することが期待されている。

だが、哲学の学位がなくても、哲学の賞を受賞していなくても、クエスチョンメーカーにはなれる。私の知る限り、世界は哲学者よりもはるかに多くのクエスチョンメーカーを必要としている。

☑ チェックポイント

・自分は質問するよりも意見を言うほうがいいと思う傾向があるだろうか？
・周りに良い印象を与えるために、よく考えないうちに意見を言ってしまうことはないか？
・今話題の切実なテーマについて「わからない」「まだ自分の考えをまとめられていない」と言える勇気はあるか？

良い質問ができない理由4――客観性の欠如

▼私たちは理性ではなく直感で意見している

私たちは、「誰もが自分自身にとっての真実を主張する権利がある」と考えている。「それがあなたの意見なら、あなたにはそれを主張する権利がある」「あなたにはあなたの真実があり、私には私の真実がある」というふうに。

「誰もが自分自身の真実をもっていて、周りはそれを真剣に受け止めなければならない」というのは、現代社会の大きな価値観になっている。

オランダの全国紙トロウのインタビューで、哲学者のダーン・ルーバースは次のように述べている。

多くの人が、自分の発言や先入観は特別に保護されるべきだと考えているが、それは大きな誤解だ。表現の自由は、政府との関係において市民に与えられる政治的権利である。親子の関係や、市民同士の関係とは違う。この自由には、自分の意見に疑問をもち、他者からの批判を受け入れる意思も含まれている。これが討論の本質なのだ。[9]

しかし最近の研究によれば、**反対の証拠を突きつけられると、人は自分の意見にさらに固執するようになるという。**

フランドル地方出身の哲学者で生物学者のルーベン・メルシュは、著作の中でこの仕組みについて考察している。彼はそのために多数の心理学的実験を分析しているが、その中には道徳心理学の専門家であるニューヨーク大学のジョナサン・ハイトによる、次のような思考実験も含まれている。

姉弟のジュリーとマークは、一緒にフランスを旅行している。どちらも大学の夏休み中だ。

ある夜、海岸近くの小屋に泊まっていた2人は、セックスをしてみたら面白くて楽しいのではないかと思いついた。

少なくとも、お互いにとって新しい経験になるだろう。

ジュリーは避妊薬を飲んでいたが、マークは念のためコンドームを使った。

どちらも行為を楽しんだが、もう二度としないと決めた。

その夜のことは2人の特別な秘密だ。

この経験を通して、ジュリーとマークはさらに親密になった。[10]

ハイトはこのストーリーをさまざまな人に提示し、ジュリーとマークの行動についてどう思うか尋ねた。誰もが否定的で、間違っている、不道徳だといったレッテルを貼った。だが、説得力のある根拠を示せた人はいなかった。客観的に言えば、犯罪は行われておらず、近親交配の危険もない。どちらも同意していたし、誰にも危害を加えていない。

つまり、回答者たちの確信的な意見は、知識や事実ではなく、単なる直感に基づいていた。

メルシュはこうした例を用いて、私たちの直感が理性に勝ることを示している。**人は、事実や数字が自分の判断と矛盾していても、自分の視点や感情、信念を守り続けようとする。**

「私たちは、酔っぱらいが街灯柱につかまるように事実を使う。つまり、照明用としてではなく、サポート用として」。私たちは常に自分が正しいと証明されたいと思っているので、自分の視点に合うように目の前の情報にフィルターをかける。「私たちは現実を疑わない。その代わりに、自分が聞きたいことを告白するまで現実を拷問する[11]」

▼「反対」は「平手打ち」されるのと同じ

メルシュは別の著書の中で、ｆＭＲＩスキャンを用いた実験について考察している。被験者は３人。１人目は頬を思い切り平手打ちされる。当然ながら、ｆＭＲＩスキャンにはかなり強い感情的な反応が記録される。2人目はひどい暴言を吐かれる。スキャンの結果は1人目とあまり変わらない。3人目は、自分が一番大切にしている信念とは正反対の意見を聞かされる。

その結果は？ 3人目のスキャンの結果は1人目、2人目と変わらなかったのである。つまり、**平手打ちも、暴言も、歓迎されない意見も、脳にとってはすべて同じ。**脳はサバイバルモードに入っていて、合理的には考えていないのだ[12]。

真摯かつ好奇心あふれる質問をするには、自分の意見を変えなければならない場合もある。けれども、私たちはそうすることに強い抵抗を覚える。そして、**正当だが不確実な状態よりも、誤った信念の中で安心していたいと考える。**

自分の発言に疑問をもたれ、理由を説明するよう求められると、誰だって少しは動揺するものだ。

誰かに質問されたら、考え、答えを示さなければならない。それは基本的に、現在の自分の立場や考えを見直し、自分の間違いを認めることを求められ、挑まれるということだ。

そこでは、客観的に自分の考えを俯瞰することが求められる。そして、客観性を保つ余地をつくるためには、「これが私にとっての真実だ」という主張をあえて手放さなければならない。

▼自分の信念に向き合い、深く掘り下げる

私が関わった最初のソクラテス式議論の一つは、「あなたの子どもへの愛は無条件なものですか?」という質問を中心にしたものだった。

6人が参加し、半数以上が親子の愛は無条件であることに同意した。そのうちの1人、サラは特に率直な意見を述べた。

「私は2人の子どもを心から愛しています。子どもたちが何をしようと、どんなことが起ころうとも、その愛は変わりません」

別の参加者が、この深い信念について彼女に質問した。

「彼らが何をしても、あなたの愛は変わらないと、どうして確信できるのですか?」

「どうしてって……私にはそれがわかるんです!」

別の参加者が言った。

「あなたの子どもが怒りに任せて人を殺したらどうです？　あなたの愛は変わりませんか？」

「ええと……そんなことを言われても」彼女は憤慨して答え始めた。「どう答えていいのかわかりません」

質問され、異議を唱えられ、時には自分の発言や思考を反省することを求められると、私たちは不安になる。私たちの発言や意見の背後には、世界観や人間性がある。一歩下がってそれを見直すように迫られれば、危機感を覚えるのも無理はない。

そのため私たちは反射的に、自分の意見を守ろうとする。今口にしたばかりの具体的な意見というよりも、その瞬間の自分のアイデンティティ全体を支える、より大きな信念を守ろうとするのだ。

このケースでは、自分の意見に疑問を投げかけられたサラは、質問に答えるのを避け、防御的な反応をした。彼女には、自分の揺るぎない信念を批判的に見たり、自分にとっての真実を疑ったりする気はなかった。子どもたちへの愛が、思っていたほど無条件ではないかもしれないという可能性を考えようとしなかった。

しかし**哲学の目的は、このような疑問に向き合うことだ。**結局、彼女はこの質問に向き合い、自分の考えを深く掘り下げることになった。

他の参加者が、できる限り穏やかに、再び彼女にこう質問した。

「あなたの子どもが正当な理由もなく、誰かを殺した状況を想像してみましょう。子どもへの愛は変わりませんか? それとも変わりますか?」

彼女は一瞬静かになり、顔をしかめ、居心地が悪そうに椅子に座りなおし、ため息をついて言った。

「正直に言えば、もしそうなったら子どもへの愛は変わると思います。つまり、私の子どもへの愛は無条件ではなく、何らかの条件があるものなのかもしれません」

☑ チェックポイント

・あなたはどんなときに相手の質問に防御的に反応するだろうか?

・自分の意見を根本から覆されるような事実に心を開いているか? それともそれは難しいと思うか?

・居心地の悪さを感じた質問を思い出してみよう。そのとき、向き合いたくなかったものは何か？　何に対して自己弁護し、何を守ろうとしていたか？
・防御的な反応や不快さ、怒りを起こすような質問を誰かにしたことはあるか？
そのとき、相手はどんな信念を守ろうとしていただろうか？

良い質問ができない理由5——忍耐力がない

▼良い質問をするのは時間の無駄?

「あなたが質問をためらう理由は何ですか?」という私の質問に対するもう一つの興味深い回答は、介護分野のアクティビティケア担当者から寄せられた。

「私も質問をしないときがあります。相手が忙しいのを知っているときや、相手が忙しそうな雰囲気を醸し出しているときです。そんなとき、相手は良い会話をするための余裕がないように見えますし、質問をしても詳しくは答えてくれません。近頃は、人は何であれ簡潔に自分の考えを述べようとします。だから、深い質問をしようとするには、まったく異なる態度が必要になります。深い質問をすれば、過去にこだわる変わり者と見られてしまうかもしれません。今の世の中には、問題を深く掘り下げようとする時間がありません。あるいは、それに時間をかけようとしない人がほとんどです。深く掘り下げるには、相当に良い質問をしなければならないのです」

私もその通りだと思う。**現代人には物事を深く掘り下げて考える時間がないし、そのために時間をかけようともしない。**誰もが、できるだけ早く先に進みたいという衝動に駆られている。

私たちは、自分の考えを疑わないことで安心感を得ている。しかも、自分の考えを疑おうとするのは、余計なことだと考えている。ただでさえ忙しいのに、なぜそんな時間のかかることをしなければならないのか、と。だから、疑問をもとうとしない。

しかし、良い質問は私たちを正しい方向へと導き、結果的に時間を節約してくれる。良い質問をすることで、どれだけのミスコミュニケーションを避けられるだろう?

全員が集まり、深く物事を考え、質問をし、本質的な問題を集団で考えることで、どれだけの失敗したプロジェクトや、コラボレーションのミスマッチを回避できたただろう？

実践哲学者であり、組織戦略家でもあるアリアン・ファン・ヘイニンゲンは、ソクラテス式の体系的な質問を使い、真の質問、真の問題を前面に押し出す方法について、次のように述べている。

> ソクラテス式の議論では、論理的に考えることで本当の問題を明らかにしていく。お互いの話の矛盾点を指摘し、隠れた前提を見つけ出し、議論の対象にする。それは別の視点に立ち、別の決断をする機会になる。
>
> 私の経験上、参加者はこの種の議論を好意的に受け止める。なぜなら、それは思考の余地を広げてくれるからだ。
>
> ソクラテス式の議論は、簡単でもないし、すぐに解決策が見つかるわけでもない。好奇心をもち、共同で物事の真相を探ろうとすれば、少し時間がかかるかもしれない。それでも、十中八九、より良い、効率的な決断に到達できる。最終的には、投じた時間は、節約した時間で報われるのだ。[13]

思慮深い議論や対話を行うには、時間だけではなく規律も必要だ。そして、規律は不足しがちだ。

私たちはよく、深い質問や良い会話をする習慣がないのを、時間不足のせいにする。しかし実際には、欠けているのは規律である場合が多い。この規律の欠如は、会話が浅いこと、良い質問ができないことの大きな原因になっている。

▼1分間考えてから質問する

少し前、実践哲学の実践者仲間2人と一緒に、ある医療機関の理事長や重役たちと哲学的な議論をした。彼らは「勇気」「好奇心」「信頼」といった同機関の新たな価値観の哲学的な探求に熱心に取り組んでいた。私たちはそれぞれの価値観に関する、参加者の経験を素材にしたソクラテス式議論の演習を実施した。

その内容はこうだ。参加者はまず、最近悩んだり、イライラしたりした体験を2センテンス以内で簡潔に書き出す。次に2人1組に分かれ、1人は自分の悩みやイライラした体験を読み上げ、もう1人はそれを聞き、**1分間黙った後に一つだけ質問をす**

る。

重要なのは、尋ねられた側がどんな答えをするかではなく、聴き手側が、後でそれについて質問をすることがわかっている状況で話を聞き、何を尋ねるかを1分間考えなければならない経験をすることだった。

その結果は目覚ましいものだった。1分間沈黙するのは、最初は少し居心地が悪く感じられ、くすくす笑いをする参加者もいた。しかし、数秒もすると、誰もが集中した。演習の最後に、お互いが感想を述べた。参加者全員が、1分後に尋ねた質問は、最初に頭に浮かんだ質問とは大きく違っていたと言った。

最初に頭に浮かんだ質問と1分間考えた後に実際に尋ねた質問を比べると、間違いなく後者のほうがいいと全員が答えた。

ある参加者はこう振り返った。「最初に頭に浮かんだ質問は、それほど面白くはありませんでした。ある答えに誘導するものや、単なる自分の興味にしたがっているものです。けれども1分間の沈黙後に頭に浮かんだ質問は、問題の核心を突き、相手を考えさせるものになっていました」

私たちはよく、「時間がかかるから」という理由で良い質問をするのを避けようとする。しかし、**たった1分でも時間をかけて良い質問を練ることで、結果的には時間を節約できる。**

質問の質と、その結果として得られる答えの質は、集中すればするほど高くなる。昔から言われているように、急がばまわれ、なのだ。

☑ チェックポイント

- ・良い質問をするには時間がかかると思い込んでいないか？
- ・早とちりしてしまうのはどんなときか？
- ・深い質問をせずに、手っ取り早く問題を解決しようとするのはどんなときか？

良い質問ができない理由６——そもそも方法を知らない

▼良い質問をする方法は、誰も教えてくれない

私は昔、質問魔だった。いつも「どうして？」と尋ねては、親を困らせていた。

「ママ、どうして空に大きな風船があるの？」

「人は気球が好きなのよ。高いところから世界が見られるから」

「どうして人は高いところから世界を見たがるの？」

「たぶん、景色がきれいなんでしょうね」

「私たちも同じことができる？　大きな風船で空に上がれる？」

「できるけど、私たちには無理よ」
「できるのに、どうしてやらないの？」
「ええと……つまり……できないって言ったらできないの！」

私はありきたりの答えでは満足しなかった。ある質問をしたら、すぐに次の質問をする準備ができていた。与えられた答えの前後左右にも答えが欲しかった。

私に質問攻めにされると、両親はいつも「とにかくそういうことなの！」という言いわけに頼っていた。それは子どもをあしらい、際限のない質問をかわすための便利な常套句だった。「質問するのは必ずしも相手に喜ばれるわけではない」ということを、子どもたちにさりげなく伝えるメッセージにもなっていた。

もちろん、親の気持ちは理解できる。子どもの探求心を大切にし、育てようとすれば、相当の時間と忍耐が必要になる。

だがそれでも、そうするだけの価値はある。**子どもたちの質問に真摯に答え、子どもたち自身にも考えさせ、想像力をかき立てるような質問をすることに、親は時間をかけるべきだ。**

▼私たちの探求心が失われる理由

柔軟に考え、探求心をもち、テーマや主題をあらゆる角度から検証し、答えを導き出す——。どれも子どもが自然に身につけていく能力だ。

しかし現代の教育システムに放り込まれると、有望な若い芽はすぐに枯れてしまう。小学校から中学、高校、大学、社会人へと進む中で、深い質問をしたり、哲学的で探求的な態度を取ったりすることは重視されていない。

私は、深い質問をし、哲学的に考えることを教育方針の基本にしている小学校があることを知らない。しかし、これらは間違いなく重要なライフスキルである。**批判的に考え、自分や他人の意見に疑問をもち、多角的な視点を取り入れることができれば、相手と良いつながりをもつための方法を知る、心の機微がわかる大人になれる。**そして現代社会では、何よりもこうした人々がかつてないほど求められている。

子どもたちに創造的な思考をさせるためにアートプロジェクトを実施したり、哲学的推論をカリキュラムに入れたりしている学校もある。

しかし、実際には難しい側面もある。教師は、教室内で子どもたちに真に探求的な議論をさせるには、「カリキュラム通りに指導し、生徒に正しい答えを与える」という、自らが慣れ親しんだ教師としての役割を放棄しなければならないことに気づくからだ。

10歳から12歳の子どもたちを教えているメラニー・エイデムスはこう語った。

教師は、子どもの知識を引き出す質問をするように訓練されています。生徒の知識をテストすることで、授業の内容を理解したかどうかを確認できるからです。生徒の批判的に考える能力を引き出す質問に注目が集まるようになったのは、ここ数年のことです。

おそらくこの新しい傾向は、クリティカルシンキングを含む、現在の「21世紀型スキル」への注目に由来している。[14]

メラニーは、こうした活動にはかなりの訓練が必要だと感じている。特に、このような考え方や方法に慣れていない、ベテランの教師にとってはそうだ。

教師として、純粋に質問をすることもありますが、たいていそれは生徒との個人的な話の中で起こります。「そのときどんなふうに感じた？」「おばあちゃんは今どうしてる？」「何か私にできることはある？」。このような質問を授業中にするのは簡単ではありません。監督者である自分の役割を脇に置いて、生徒たちが考える答えに純粋に興味をもたなければならないからです。

メラニーの話は、私が小学校でのワークショップや研修を行う際に教師から聞く話とよく似ている。

まず、教師は従来の教育システムの考え方に抗わなければならない。さらに、自身の仕事のプレッシャーや、教育委員会からの指導、親からの要求もある。こうした問題があるために、教室内で創造性と良い会話を促す授業をすることには制限があるのだ。

メラニーは、保護者とのやり取りの中で、**社会がいかに創造性や思考力よりも知識を重視しているかを思い知らされた。**親は何よりも子どもの成績に注目する。自分の子どもを良い学校に入れることを強く望み、成績が望ましくないと、それを教師のせいにしようとする親もいる。メラニーは言う。

例えば、以前、保育士には子どもをじっくりと観察し、さまざまな創造性を促す時間的な余裕がありました。今では遊び場にいる親は「うちの6歳児はもう読み書きもできるし、足し算や引き算ができる」と自慢しています。「娘が天使のように歌い、お絵かきに熱中している」という事実には興味をもっていないように見えます。保護者や社会全体から高い要求をされているため、算数や読み書き以外の能力を必要とする授業は、保護者たちから単なる「お遊び」のようなものと見なされがちです。けれどもこうした遊びの要素の多い状況で、活発でオープンな議論をすることほど、子どもの探求心や創造性を育むものもないのです。

哲学や芸術などの授業においてでさえ、教師は子どもたちの議論を、自分が望む方向に導こうとしてしまう。子どもたちの自主性に任せるのが難しく、自分の意見を述べなければならないという責任すら感じている。

宗教科の教師がこう告白した。「〝礼拝所でしかお祈りはできないのか？〟というテーマで子どもたちだけで議論をさせたのですが、最後には議論に加わり、自分の意見を述べてしまいました。子どもたちに、祈ることについて自分と同じような考えをもってもらいたかったからです」

このような状況は、子どもたちが意見の自由をもつことに慣れておらず、「でも先生、すぐに正しい答えを教えてくれるんでしょう？」と考えていることによって拍車が掛けられる。

質問スキルとオープンな探求心の欠如は、小学校だけでなく高等教育や職場でも感じられる。そこでも理論や知識ばかりが重視され、探求的、学習的態度の育成は軽視されている。しかし、これらのスキルの必要性は高まっている。

☑ チェックポイント

・自分の生い立ちや学生時代を振り返ってみて、質問することに関して、どのような価値観を学んだと思うか？　質問することは好意的に受け止められたか？　奨励されたか？　それとも、敬遠されたか？

▼質問を避ける理由を自覚する

自分がなぜ質問をしないのか、その理由を理解することは大切だ。おそれやエゴによって質問が阻まれていることを自覚すれば、心の中で変化を起こしやすくなる。

本当は質問したほうがいいのに、周りに良い印象を与えようとして自分の意見を口にしていることに気づけば、次は質問をしようと考えるようになる。

正しい質問は時間の無駄ではなく節約になると理解すれば、思い切って質問しやすくなる。

しかし、この自覚はパズルの一部に過ぎない。**自分がなぜ質問を避けるのか、なぜそんな雑な質問をしてしまうのかを知り、方法を変えたいと思ったら、何から始めればいいのだろう？**

それが本書の第2章のテーマだ。そこでは、良い質問をするために身につけるべきソクラテス的な態度と、良い質問をするための基礎を学んでいこう。

この態度を身につければ、有意義で適切な質問が、以前よりもずっと自然にできるようになる。

第２章
質問の態度

知恵はバオバブの木のようなものだ。
誰かが独り占めできるようなものではない。

ガーナのことわざ

「自分は何も知らない」という態度で疑問をもつ

次の図1は、質問の哲学に関するこの本のアプローチを要約したものだ。

中心にあり、基礎となるものはソクラテス的な態度だ。この中心がしっかりと定着し、質問の源泉を形成したら、次の輪である質問の条件に進むことができる。

さらにソクラテス的な態度を身につけ、質問の条件が整ったら、実践的なテクニック、ヒント、落とし穴を駆使して質問の技法を磨ける。

この態度と条件はとても重要であるにもかかわらず、私たちは外側の部分だけに注

図1 質問の哲学

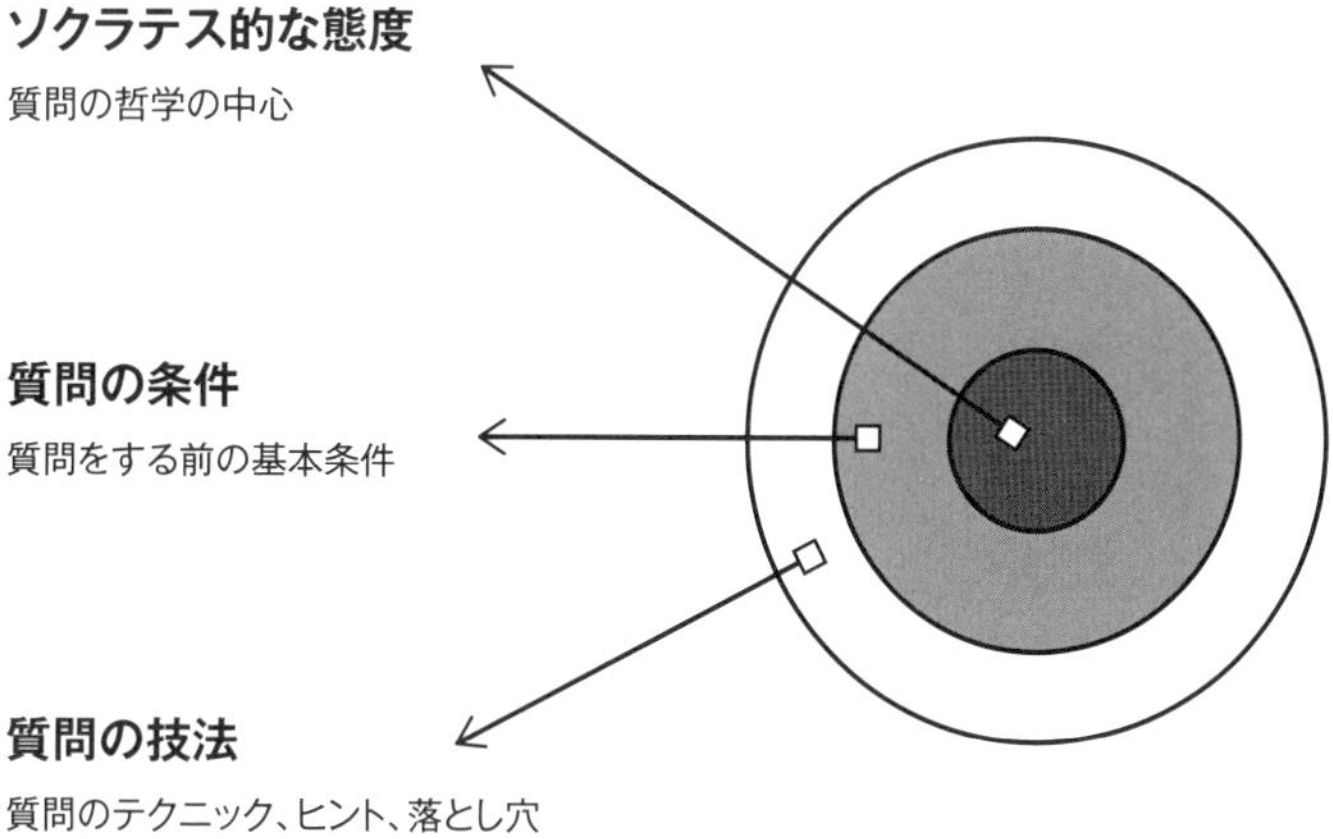
ソクラテス的な態度
質問の哲学の中心
質問の条件
質問をする前の基本条件
質問の技法
質問のテクニック、ヒント、落とし穴

目しがちだ。質問のテクニックを説明する記事や講座は無数にあるが、質問の背後にある重要な態度を見落とし、適切な条件が整っているかどうかを考慮していない。

▼内なるソクラテスを目覚めさせる

誰もの心の中に小さなソクラテスがいる。ぐっすりと眠っているソクラテスもいれば、ぼんやりとくつろぎながらつまようじをくわえているソクラテスもいる。

しかしこれらのソクラテスはみな、好奇心をもち、「知らない」という状態を保ち、相手の意見に異を唱え、深い質問をする準備ができている。

内なるソクラテスを目覚めさせることができれば、黄金を手にしたも同然だ。会話は楽しく充実したものになり、周りの人を観察することが、お気に入りのネットフリックスのドラマを見るよりも魅力的になるかもしれない。

あなたの中のソクラテスが目覚めたとき、会話は豊かに、深く、そして哲学的になるだろう。

▼ソクラテス的な態度とは何か？

ソクラテスは、**己を知り、「自分は何も知らない」と知っている人だけが、真の知識を得られる**と考えていた。

第1章では、私たちが抱えている大きな問題は、わかりやすい答えを求めてしまうことだと説明した。「自分は正しい答えを知っている」と思い込んだり、都合の良い仮定をしたりしてしまうことも、真の知識への妨げになる。

解決策は、良い質問をするための哲学を身につけることだ。そのためには、思い込みを疑うことが大切になる。

ソクラテスは、疑問をもつ態度の体現者だった。**目の前のものを疑い、知らないことを自覚し、思い込みをもたなかった。**彼に聖域はなかった。誰もが当たり前だと考えていることも、火を見るより明らかだと思えることにも、疑問の目を向けた。次から次へと質問を投げかけ、議論の輪を広げた。

私たちが重要な質問をしようとするのをやめてしまうのは、ソクラテスとは違い、物事を知っていると思い込んでいるからだ。

例えば職場では、誰もがお互いに協力したいと思っているが、会社が「協力とは何か?」と改めて問う時間をとることはほとんどない。

このような質問をすることは、無駄に見えるし、答えは自明だと思えるからだ。

ある辞書によれば、「協力」は「共同での行動または作業(joint action or operation)」[1]だと定義されている。だがこうした定義は、協力が実際に何を意味するのかということを考える上ではあまり役に立たない。

その「共同」はどのような形を取るべきなのか? どのような行動を、どのくらいの頻度で、どのくらいの期間、誰がとる必要があるのか? そもそも、私たちは「共同で活動する」ことについてどのように感じているのか?

この、何にでも疑問をもつ、「私は何も知らない」という態度は、子どもにとって自然なものである。

子どもたちは常に驚き、何かを探ろうとし、すばらしい質問をする。「自分にはまだ知らないことがたくさんある」ということを知っているからだ。

子どもたちを見習おう。自分自身や新聞記事、テレビのニュース、うわさ話など、あらゆるものに対して疑問をもとう。

それは、知らないことを探し求める態度であり、自分自身のために、自分自身で育める態度である。誰の力も借りる必要はない。

ただし、**ソクラテス的な態度は、私たち大人が慣れ親しんでいる態度とは本質的に相容れないものである。**どう訓練すればいいのだろう?

この態度は一朝一夕には身につかない。結果を出すには、トレーニングをして、新しいルーティンを継続させなければならない。

大切なのは訓練だ。時間と集中力、努力、そして考えを行動に移すことが必要である。継続こそが、ソクラテス的な態度を身につけるためのカギになる。

▼ソクラテス的な態度の鍛え方

ソクラテス的な態度を身につけるための第一歩は、自分が「何」を、「どのように」考えているのかを自覚することだ。それによって、思考を正しい方向に導き、必要に応じて軌道修正し、適切な質問ができるようになる。

「何」と「どのように」の2つは、まったく違う。

「何」とは、自分の思考の底にある信念のことだ。

「どのように」とは、文字通りそれをどんなふうに思考しているかだ——例えば、速く考えるかゆっくり考えるか、連想的なのか論理的なのか。

会話をしているとき、できるだけ頻繁に自分の思考を観察してみよう。自分の思考を知れば知るほど、よくあるパターンを認識し、そこから抜け出しやすくなる。その思考の中で、誰かのことを批判したり、自分を責めたりしても構わない。

他のことを考えたり、心配事が気になったり、買いものリストに追加するものが頭に浮かんだりしてもいい。とにかく何をどのように考えているかを観察して、再び会話に注意を戻そう。

▼自分の思考を観察する訓練

会話中の自分の思考を観察しようと思えばいつでもできるが、話をしている相手に迷惑はかけたくない。そこで便利なのが、ラジオやテレビのインタビューを聞いてみたり、他人同士の会話を観察したりして、そのときの自分の思考を追ってみることだ。

自分が何を考えているのかをよく意識してみよう。

どんな考えが頭をよぎっているか？
どんな判断をしているか？
その判断は何についてのものか？

何に注目しているか？
他人の会話に集中できているか？
それとも友人と口論したことや、今夜の夕食を何にするかなどに気を取られているか？

頭の中で起きていることをそのまま観察することで、そのときの自分の思考の傾向がわかるようになる。注意が散漫になっているかもしれないし、耳にしたことに対して何か言いたくてウズウズしているかもしれない。
ソクラテス的態度を身につけるための訓練は、「今、ここ」で自分がどんな思考をしているかに意識を向けることから始まる。

▼「何について怒るか」で自分を知る

しばらく前、私は車を運転しながらラジオを聴いていた。番組のホストが、モデルのロイザ・ラマーズにインタビューしていた。

ロイザの名前は、男性向けライフスタイル雑誌「ＦＨＭ」が最近発表した、世界で最もセクシーな女性のリストに入っていた。彼女の名前が世に広まったのは、リアリティ番組の『ネクスト・トップモデル』でトランスジェンダー女性として初めて優勝したときだ。

司会者の男性はＦＨＭ誌のリストについて触れ、世界で最もセクシーな女性の１人に選ばれたことをどう感じているかとロイザに尋ねた。

「それは他のトランスジェンダー女性にとっても重要な瞬間だと思いましたか？」

「トランスジェンダーのコミュニティの声を世間に伝えることは、あなたの使命ですか？」

ここまでは良かった。けれども司会者は深呼吸をすると、唐突に「それで……ええと……女性になって初めてセックスしたとき、どんな感じでしたか？」と尋ねたのだ。私は思わず、近くのガードレールに突っ込みそうになった。

車の中で１人、大声で叫んだ。「ばか！　なんて無神経なの？　何の関係もないじゃない！」。誰かの質問を聞いて、こんなに頭に血が上ったのはいつ以来だろう。

その後、少し頭を冷やして、自分の思考について分析してみた。

私は司会者の質問を聞いて、咄嗟《とっさ》に「なんてばかげた質問なの！」と反応し、強い怒りを覚えた。そんな立ち入ったことを相手に尋ねる権利が司会者にあるとも思えなかった。発想が低俗な気がして嫌だった。それは相手への純粋な関心から生まれた質問ではなかったし、直前の会話とも無関係だった。

強い怒りを覚えたことで、自分が何よりも「質問は誠実で、相手とのつながりを目的としたものであるべきであり、下世話な好奇心やシニカルなユーモアを満たすためのものであってはならない」と考えていることを確認できた。


私の怒りが正しかったのか間違っていたのかは別として、**自分の思考を観察し、一つひとつさかのぼって分析することは、純粋かつ印象的な体験になった。**それは私に知恵をもたらしてくれた。

「こんな質問をしてはいけない！」という私の一瞬の判断は、自分が考える良い会話の本質を再確認するものだった。それは、誠実なつながりと、相手のことを真摯に考え、相手の話を引き出そうとする質問によって形づくられる会話だ。

会話中の自分の思考に気づければ、それを少しずつコントロールし始められるようになる。気が散っていることに気づいたら、相手に注意を戻そう。

自分の考えにとらわれていると感じたら、頭を空っぽにして、もう一度相手の話に耳を傾けよう。

感情的な反応や判断をしたときは、一歩下がって、その判断の根拠となっている価値観が何かを探ってみよう。

練習や集中力が必要だが、これは良い質問をするための重要な条件になる。

不思議（ワンダー）の感覚を大切にする

もし、私たちが抱く「不思議」（ワンダー）の感覚が、物語に登場する女性のキャラクターだったとしたら、彼女はきっと恥ずかしがり屋だろう。

彼女は、周りでみんながおしゃべりをしていると、自分の殻に引きこもってしまうタイプだ。鋭い視線や皮肉なため息、嫌味な発言に直面したら、黙り込んでしまう。繊細過ぎて、宿敵である「判断」（ジャッジメント）の存在を少しでも感じると、しり込みしてその場を立ち去ってしまう。

自分が何を必要としているかはわかっていても、それを求める勇気がもてない。

不思議議が存在感を発揮するには、時間と空間の余裕が必要だ。ただし、それはそれほど大きなものでなくてもいい。この時間と空間が与えられると、彼女は隅っこに腰を落ち着けて、周りを観察できるようになる。見て、聞いて、気づいて、心の中の余白を探し出す。すると頭が冴え、心を開いて相手に向き合えるようになる。

▼「不思議」とは「選択」である

私たちのヒーローであるソクラテスも、何世紀も前に「哲学は不思議の感覚から始まる」と言っていた。[2]

純粋な疑問の大きな材料は、この不思議の感覚だ。しかし、不思議がどんなものかを説明するのは簡単ではない。

「ワンダー（wonder）」を「大きな驚き」[3]と定義する辞書もあるが、私は微妙に違うと思う。驚きとは、思ってもいなかったことに見舞われたときに起こる感情だ。例えば、いつも遅刻ばかりしている同僚が、ある朝、突然始業10分前に出勤してきたら、驚くだろう。

不思議の感覚はそれとは違う。**不思議とは選択だ。**私はまったく同じ状況を、不思議だと思うこともあれば、思わないこともある。その状況とその受け止め方を選択することで、不思議の感覚が生じるかどうかは変わるのだ。

私は、太陽系には地球以外にも、太陽の周りをまわっている他の惑星があることを知っている。私はこれを単なる事実として受け止めることもできるし、不思議の感覚をもって受け止めることもできる。これらの惑星が存在することがいかに不思議で神秘的なものか、私たちがいかに小さな存在であるかについて思いを巡らせることができるのだ。

親友から妊娠の報告を受けたとき、私は不思議の感覚に襲われた。話をしながら、彼女の中で新しい命が形づくられていることに神秘性を感じた。その新しい命は、いつの日か、自らの考えや性格的な特徴をもった大人になるのだ。すばらしいという他にない。

しかしその一方で、まったく同じ現象をごく当たり前のことだと受け止める場合もある。例えばこの5年で、何度知人の出産前のお祝いをしたかを、私はもう覚えていない。

雲を見ることも同じだ。誰でも、草むらに仰向けになり、「雲って本当にすごいな」と思ったことがあるはずだ。

上空の飛行機の中には乗客たちがいて、こちらを見下ろしている。自分は地面からそれを見上げている。飛行機の形が、翼をもったワニみたいに見えたりする。

しかし、このふわふわした不思議な形のものに、まったく気をとめない日もたくさんある。

▼日常に「不思議のための空間」をつくる

状況を選ぶというこの原則は、日常にも適用できる。

ふだんならすぐにレッテルを貼ったり、決めつけたり、早合点したりするような状況を、不思議の感覚をもって見てみるのだ。

母やパートナー、友人と過ごしていて、「なぜこの人はすぐに感情的になるのだろう？」「どうして普通の会話ができないの？」とイライラしそうなときは、不思議の感覚をもつことで、その状況をまったく違った視点でとらえられるようになる。

自分の判断にとらわれず、純粋な質問への扉を開けてみよう。

「なぜ友人はこんなに怒っているのだろう？　何か他に理由があるのだろうか？　私はそれにどう対応すればいい？　私はこの会話について、どんな思い込みをしているだろう？」

不思議の感覚とは、自明と思われるものの先を見ることだ。物事がどれほど特別なものであるかを見たいと思うことだ。

この不思議の感覚をもつことは、選択できる。

それを日常生活に取り入れ、育むことができる。

日常は、すぐにノイズや誰かの意見で埋め尽くされてしまう。だから不思議の感覚をもつためには、そのための空間をつくらなければならない。

周りに流されないようにすることも大切だ。土地を耕していけば、不思議はやがてそこで芽を出して成長し、しっかりと根を下ろすようになる。

☑ エクササイズ――「不思議の感覚」を鍛える

ビーチやカフェのテラス席など、混雑した場所に座り、周りを見てみよう。細部に注目して、他人同士がどんなコミュニケーションをしているかを観察する。レッテルを貼らず、好奇心を保ちながら、ただ観察しよう。

心の中で「判断」が湧いてくるのに気づいたら（「なんてダサいジャケット！」

「彼女は苦しそうなニワトリみたいに手をバタバタさせながら話してる！」）、不思議の感覚をもつために、こう自問してみよう。

「あのジャケットの特徴や長所は何だろう？」「彼女のボディランゲージは、相手にどんな影響を与えているのだろう？　あのジェスチャーは、彼女の何を物語っている？」

そう考えることで、より細かく、集中して他人を観察できると気づくはずだ。そのことを楽しめるようにもなるかもしれない。

☑ エクササイズ――「不思議の感覚」を鍛える～上級編

不思議の感覚が鍛えられてきた自信がついたら、難易度を上げてみよう。部外者として他人を観察するのではなく、自分にもっと直接的な関わりがあり、悩まされたり、苛立ったりするような状況でこの感覚をもつ練習をするのだ。

誰でも、会うたびにイライラさせられる人がいるものだ。話を始めたとたん、「またか！　いつもこんな調子だな」と思わされてしまうような相手だ。

次にそのような人と会ったときは、イライラを脇に追いやり、不思議の感覚をもって会話してみよう。まずは、その人の立場になってみること。「また始まった！」「なんて嫌味なことを言うんだ！」と反応するのではなく、新しい視点に留まってみる。

「なぜこの人はこんなことを言うのだろう？」「今、相手は何を考えているのだろう？」「この人はこの会話から何を得ようとしているのか？」といった疑問を浮かべてみる。ポイントは、心から不思議さを感じて、真摯に疑問に向き合うこと。そうしないと、これは皮肉な考えを抱くための訓練になってしまう。

好奇心——本心から「知りたい」と思う

有意義な会話のためには、相手の話に興味をもつことが何より欠かせない。**相手が何を考え、どんな経験をし、どんな世界観をもっているのかに関心を抱くのだ。**

しかし、こうした好奇心が欠けていることは多い。私たちは誰かと話をしていながら、実際には自分自身にしか興味がない。

数年前、「クリティカルシンキング」のクラスを受講した私は、同僚たちにその経験を話したくてたまらなかった。

クラスの講師はかなり型破りなアプローチを採用していて、私はそれを気に入っていた。ある同僚にクラスや講師のやり方、受講生が行った演習を細かく説明すると、彼はすぐに意見を述べてきた。

「その講師は勘違いしているな。受講生を安心させるような方法を採用すべきなのに。無責任だよ！」

私は思わず、「ええ……でもね」と反論し、自己弁護して、同僚を納得させようとした。

「言いたいことはわかるわ。けど、その講師に威圧的なところはまったくなかったし、とても理にかなった方法だと思えたの。それに……」

▼会話中に自分のことしか考えていない

帰りの車中で気づいた。私も同僚も、自分の考えを疑おうとしていなかった。

相手の話を十分に聞こうとせず、自分の意見が正しいとばかり主張していた。

同僚は私が説明したクラスと講師について批判的な決めつけをし、私は同僚の反応が不当で行き過ぎたものであると決めつけた。何が欠けていたかは明らかだった。お互いの意見に対する純粋な好奇心と、それが生み出す純粋な質問だ。

2人とも、自分の意見に固執していた。私は同僚に、その講師がどれほど優れているかを納得させたかった。一方、同僚はその講師が受講生を尊重していないことを私に理解させたがっていた。

どちらも相手の話をよく理解しようとはせず、いかに自分の意見をうまく相手に伝えるかということだけを考えていた。

同僚は、講師の方法とそれを私がどう経験したかについて、もっと興味をもてたはずだ。

「なぜこの教師は特別な方法を選んだのだろう？」

「それは受講生にどう影響したのか？」

私は、同僚がなぜこうした強い意見を言ったのかをもっと考えられたはずだ。

「なぜ彼はこの方法に批判的なのだろう？」

「受講生が安心できるようにするのは講師の責任だろうか？　それとも受講生もその責任の一部を負うべきなのか？」

どちらかが一歩引いて考えていれば、もっと実のある会話ができたに違いない。しかし、**いったん攻撃と防御、判断と非難の泥沼に入ってしまうと、戻る道を見つけるのは難しくなる。**

判断から好奇心へと舵を切る方法を学ぶことで、質問的な態度が身についていく。相手の思考プロセスや経験に純粋に興味をもてるようになる。会話の中では、その場の勢いで流れが素早く進むことがある。後になって初めて、「ああすればよかった」「こう尋ねればよかった」と気づくものだ。

それでも、こうした瞬間を経験することは重要だ。次に誰かと同じような会話をするときは、拙速な決めつけをしてしまわないように注意しやすくなるからだ。

もちろん、確実に成功するという保証はない。それでも、物事をよく考え、意図を育んでいくことは、正しい方向への貴重な一歩になる。

▼「相手のことはわからない」と認める

好奇心をもち続けるとは、「自分には知らないことがある」と認めることだ。**他人の経験や思考、感情はわからない。**他人とはまさに文字通り、自分ではない他の誰かのことだ。

あなたには迷惑な義父や威圧的な上司がいるかもしれないし、遅刻しがちな人への苦手意識があるかもしれない。こうした人たちと接するとき、自分と相手の思考や感情が完全に一致していないケースは多い。

私たちは、相手が何を考え、どんな経験をして、どんな気持ちでいるかを決めつける。しかし、相手のことは相手が一番よく知っているのだ。

以前、若い会計士のグループに会話と質問のテクニックを教えたことがある。クラスでは、2人1組に分かれ、1人が最近イライラした経験を話し、もう1人はそれが実際にどのような経験だったのかを考える、という演習を行った。

ペアの1人で、旅行から戻ってきたばかりのバートが、空港での出来事を話していた。「私は、午後2時に出発予定の飛行機に乗り込みました。全員が搭乗し、手荷物を荷物棚に収納し、シートベルトを締めました。でも、飛行機が飛び立つ気配はありません。エンジンの轟音もしないし、滑走路へ進むタキシングもないのです。私たちはそのままずっと座っていました。ようやく離陸したのは、なんと45分後のことです」

ペアのもう1人であるジェームズはフムフムとうなずきながら話に耳を傾け、「それはたいへんでしたね」と言い、質問を考え出そうとしたが、何も浮かばなかった。

私は理由を聞いてみた。

「だって、それがひどい体験だったということは明らかですよね？ それ以上、何を尋ねればいいんです？」

「バートが何を経験したかが、本当にすべてわかるのですか？」私は尋ねた。

「もちろんです。はっきりしているでしょう？ 飛行機の中で待たされた。嫌なことですよね」

「彼がそれを嫌だと思った正確な理由はわかりますか？」

「それは……ええと……時間を無駄にしたからでしょう？」

「つまり、もしあなたが同じ状況に置かれたら、時間を無駄にしたと思ってイライラするということですね。でも、バートにはまったく違う理由があるかもしれません。時間は彼にとって大した問題ではなかったのかもしれない。離陸が不安だったのかもしれない。お腹が空いていて、機内食を楽しみにしていたのかもしれない。本人に尋ねてみなければたしかなことはわからないはずです」

ジェームズが「飛行機が遅れたことで、なぜそんなにイライラしたのですか？」と尋ねると、バートは答えた。

「ずっと飛行機の座席に座っていると、窮屈で身体が痛くなるでしょう。それがとても嫌だったんです。遅れるなら、せめて出発ラウンジで待たせてほしかった。そうすれば、ゆっくり足を伸ばして待つことができたのに！」

▼「それ、私もしたことがある」と思ってしまう

些細な例だと思うかもしれない。しかし、これと同じようなことは、会話の中で頻

繁に起こっている。

私たちは、**「相手が話したのとまったく同じ経験を、私もしたことがある」という思い込みに基づいて相手の話を理解したと考えがちだ。**だから、それ以上何も尋ねることはないと決めつけてしまうのだ。

こうした思い込みをしていると、相手や相手の話への興味は薄れていく。

しかし、**単なる体験談を超えて、相手が何を経験し、考え、感じ、判断したかについて純粋な好奇心を抱くと、想像もしていなかったような情報を発見することがある。**

ジェームズは、バートが機内で待たされた話を聞いて、「時間」が一番の問題だったと考えた。しかし、バートが一番気にしていたのは「快適さ」だった。

相手の心の中で何が起こっているのかに興味をもち、質問をすることで、お互いの距離は縮まる。

ご想像の通り、これは会話にさまざまな深みを加える。「私は相手の考えや経験について実際には何も知らない」ということを常に意識し、相手に興味をもつことで、深く掘り下げた、より良い質問ができるようになる。

▼好奇心を育む方法――私は初心者、あなたは専門家

子どもには天性の好奇心がある。

では、なぜ私たち大人は好奇心をうまくもてないのだろう?

それは、実際には何も知らないのに、知っていると思い込みたがるからだ。

そこで、この欠点を改善するための方法を紹介しよう。


次のような視点で誰かと話してみよう。

「私はこれについて何も知らないが、相手は詳しく知っている」。つまり**相手を、話をしているテーマの専門家だと見なす**のだ。

そのとき、自分の意見はまったく取るに足らないものだと考える。自分がそのテーマについて考えていること、知っていると思っていることは、重要ではない。

そして、相手に集中する。

相手はそのテーマについてどう考えているのか？
正確にどんな経験をしたのか？
もっと例を挙げてもらえるか？
相手はいつもその問題について同じ考えをもっているのか？
もしそうでないなら、どんな場合に、どのように違う？

これを何度も繰り返していると、質問が尽きないことに気づくはずだ。
もし質問が尽きてきたと感じるなら、それはおそらく、自分の考えの根拠を確認せずに「知っている」「わかる」と思い込んでいるからだ。

質問をするためには「勇気」が必要だ

表面的ではない、隠れた真実を突きつけるような質問は、受け入れやすいものではない。それは相手を挑発し、驚かせ、狼狽《ろうばい》させるものになりかねない。受け手は深く掘り下げた答えを返さなければならず、自らの口から出た答えに驚いてしまうことさえある。

質問をし、その答えに耳を傾けようとするには勇気が必要であり、リスクを覚悟し

なければならない。

自分の質問が的を射ているかどうか、相手にどう受け取られるかは、尋ねてみるまでわからない。それは何が起きるかわからないことにあえて挑もうとする、一種の賭けだと言える。

その質問は、相手にとって不快なものや、対立的なものになるかもしれない。相手が答える気になってくれるのか、それとも気まずくなったり、腹を立てたり、恥ずかしい思いをしたりするのかはわからない。そんなとき、会話の壁にぶつかったように感じることもある。

▼「デリケートな質問」がつながりを深める

これまでに見てきたように、私たちは相手を不安にさせるのをおそれて、質問を控えてしまうことがある。それは実に残念なことだ。**勇気を出せずに質問ができなかったために、私たちはどれだけすばらしい会話を逃してきたことだろう。**

私の友人のニーナは、まさにそのことを実感している。彼女はこう語った。

「夫と私は、子どもがいると思われがちな年齢になってきたから、初対面の人から、子どもはいるのかとよく聞かれるの。いないと答えると、相手はたいてい気まずそうにして、それ以上その話題には触れようとしない。その表情から、〝もっと聞きたいけど、尋ねる勇気がない〟と思っているのがよくわかる。何度か子どもがいない理由を尋ねられたことがあるけど、それはいつも有意義な会話につながったわ。相手に遠慮して、本当に聞きたい質問をしない人は多い。それは残念なことよ」

もちろん、夫婦が子どもをもたない理由はさまざまだ。にもかかわらず、人は勝手にその理由はこうだと決めつけたり、立ち入った話を避けようとして話題を変えたりする。しかしそれは、有意義な会話をする機会を捨てていることでもあるのだ。

デリケートな話題に関する良い質問には、相手とのつながりを深める力がある。

もちろん、誰だっていきなり相手の心の中に立ち入るようなぶっきらぼうな質問はしたくない。

しかし、より良い、より意味のある、真摯な会話がしたいのなら、当たり障りのない話題ばかりでお茶を濁してはいけない。

状況が適切だと感じ、相手に答えてくれるという気配があるのなら、良い質問をすることで、率直かつ魅力的な会話の土台を築ける。相手が答えにくいことを突きつけるような質問でさえ、ポジティブで解放的な経験をもたらす場合がある。

ソクラテス的態度を身につけるためには、嫌な気持ちになるかもしれないというリスクを受け入れる勇気と意欲を養うことが欠かせないのだ。

▼思い切って質問することの大切さ

リーダーシップ・コーチのモニク・リンダースは、「新しいリーダーシップ」と題されたセミナーに参加したときの出来事を話してくれた。

照明が落とされた小さめの室内で、パワーポイントのプレゼンテーションが始まった。グラフや財務数値が掲載されたスライドが次々と表示されていく。すぐに彼女は困惑した。このプレゼンのどこが新しいリーダーシップと関係があるのだろう？　周りを見まわして、他の参加者も同じように戸惑っていないか探ってみたが、みんな平然とした顔をしている。

そのまま15分が経過した。彼女はようやく勇気を出して手を挙げ、自分が正しいセミナーに参加しているかどうかを講演者に尋ねた。

「心臓がバクバクしていたわ」と彼女は言う。「プレゼンの内容を新しいリーダーシップと結びつけられなかったのか、と思われるのが怖かった」

講演者は神経質そうに書類をめくり始めた。しばらくして、恥ずかしそうな顔をして、プレゼンの内容が間違っていたことを認めた。他の参加者は一斉に安堵のため息をついた。そのうちの1人が言った。「ヘンなプレゼンだな、ってずっと思ってたよ」

良い質問をするのは、飛行機から飛び降りることと似ている。パラシュートが開くかどうかはわからない。着地先の地面が柔らかいのかでこぼこなのかも、付近の住民に歓迎されるのかどうかもわからない。

だが良い質問をするのは、自分のためでもなければうまく着地をするためでもない。**良い質問は相手のためにある。**相手はそれによってより深く考えられるようになり、新たな視点で物事をとらえられるようになる。

この相手への贈りものは、質問をした側にとっては気まずいつまずきになるかもしれない。しかし、信じてほしい。それは、支払う価値のある代償だ。

☑ エクササイズ――質問をためらってしまう理由を探る

自分がいつも尋ねたいと思っている質問を思い浮かべてみよう。誰に対して、どんな質問がしたいのか？

それをためらっている理由は？　気まずさをおそれているから？　自分の立場が危うくなるから？

あなたは、相手にその質問が受け入れてもらえないと100％確信しているだろうか？　その質問をすることで、どんなメリットがあるかを考えてみよう。何らかのメリットがあるからこそ、その質問をしたいと思っているはずだからだ。

☑ エクササイズ――気まずくても尋ねてみる

思い切って尋ねてみよう。長いあいだ尋ねるのをためらっていた、ややこしくて、デリケートで、気まずい質問をしてみるのだ。

誰かと会話をしている最中に、「今このことを聞いてみたいけど、たぶんできないな」と思ったら、思い切って尋ねてみよう。

その質問に答えるか答えないかは、相手の自由だ。あなたは相手がどう反応するかとは無関係に、リスクを受け入れ、深いつながりへの第一歩を踏み出すと決意できる。

藪《やぶ》から棒に質問する必要はない。やんわりと話を切り出してもいい。例えば、「どうしても聞きたいことがあるんだけど、そうしてもいいのかわからない。デリケートな話題かもしれないから」と言って、相手の反応を見てみてもいい。

あるいは、事前に相手が許可するか尋ねてもいい。

「このことについて尋ねたいことがあります。答えるかどうかはあなた次第です。質問しても構いませんか？」

自分の判断を絶対的なものだと思わない

私たちは一日中、さまざまなことについて判断を下している。それは問題ない。判断しなければ、サンドイッチにピーナッツバターとジャムのどちら（または両方！）を塗りたい気分なのかがわからないし、粋な赤いジャケットを買うべきか、セクシーなブルーのジャケットを買うべきかもわからない。

どんなキャリアを目指すべきか、どの学校が子どもにとって最適かなど、人生の重要な決断もできない。判断は私たちの生活のあらゆる側面を彩り、影響を与えている。

初対面の人と会うと、約8秒で判断が働き、「この人は好きだ。仲良くやっていけそうだ」「この人とは気が合わないだろうな」といった第一印象が形成されるという。

判断は人間にとって呼吸と同じくらい基本的なものだ。

▼私たちの「判断」は的外れ

判断は人生を楽しく、刺激的で、豊かで、扱いやすいものにする。判断を封じ込めようとしたり、検閲しようとしたりすれば、不幸になるだけだ。

何かに批判的な判断を下している自分に気づき、そうすべきではないと思っても、それ自体が自分に対する批判的な判断になり、罪悪感や不幸の素《もと》になってしまう。

判断はしてもいい。好むと好まざるとにかかわらず、それは起こるものだからだ。

ただし、ご想像の通り、これらの前には大きな「しかし」がつく。

なぜなら、私たちの判断は、的外れでずさんであることが多いからだ。**私たちは判断を急ぎ過ぎて、ニュアンスや機微を見落とし、不完全な情報に基づいて意見を口にしてしまう。**また、自分の考えに固執し過ぎる。自分の判断を、真剣に受け止め過ぎてしまうのだ。

一度、誰かを「傲慢なエゴイスト」と判断してしまうと、それに反するような考えを抱こうとしなくなる。これは心理学で「確証バイアス」と呼ばれるものだ。人は、自分がすでに形成した判断を補強しようとするあまり、視野が狭くなり、反対の証拠を無視しようとする。

判断するのはよくないと主張する人は、そうした考え自体が紛れもない判断であることを思い出してみるべきだ。そう、それはまったくの矛盾なのだ。

このような考えをもつ人がいるのは、非難と判断が混同されることが多いからかもしれない。非難とは不賛成や拒否のことであり、判断とは推論によって結論を導くことだ。

私たちは、この２つを同時にしていることが多い。

観察に基づいた判断を下していながら、「ああ、フレッドはだらしないなあ！」と言うことで、その表現やイントネーションによって彼を非難しているのだ。

ソクラテス的態度を身につけるとは、この2つを切り離すことだ。

すなわち、**状況をありのままに観察し、できるだけ客観的に判断すること**。その次のステップは、「本当にこの判断で正しいだろうか？　自分の発言や思考は適切だろうか？」と考えることだ。

▼判断を留保せずに「引っ込める」

私は、「人は判断をする」という事実を称賛する。

しかしそれと同時に、誰もが自分の判断にもっと責任をもち、慎重にそれを扱うことを提唱したい。

それは、できる限り客観的に判断し、必要であればすぐにそれを放棄できるようにすることだ。

判断を下し、ある立場を取るが、その立場に固執したり、それを自分のアイデンティティに結びつけたりはしない。

反対側の視点を、自由に探求しようとする。

自分の判断（すなわち、現実に対する個人的な視点）を、ありのままに観察する。

その視点が、無意識的な仮定や前提、偏見、人間観の土台になっていることに自覚的であろうとする。

これらを意識し、**積極的に別の視点から物事を見ようとし始めると、自分の思考がいかに強く、柔軟で、機敏になるかにすぐ気づくはずだ。**

世間には、「判断は留保すべきだ」という考えもある。

しかし、それは現実的なアドバイスではない。判断は素早く、無意識に、反射的に下されるものだからだ。

無意識のプロセスを遅らせるのは並大抵のことではなく、実質的には不可能だ。解決策は**判断をして、そのことを意識し、一歩下がって観察することだ。**

判断を留保するのではなく、引っ込めるのだ。

▼人間万事塞翁が馬――「良いか悪いかは、誰にもわからない」

判断について大きな教訓を与えてくれるすばらしい物語を紹介しよう。

中国の田舎の村に、農夫と息子が住んでいた。ふたりが粗末な家と土地の他にもっていたのは、1頭の馬だけだった。彼らはその馬で土地を耕し、ささやかな生活を送っていた。ある日、馬が馬小屋から逃げ出してしまった。村人たちがやって来て、ふたりに同情し、「なんてひどい！　とんだ災難だ！」と悲しんだ。

農夫は微笑み、穏やかに言った。

「良いか悪いか、誰にもわからないよ。わかるのは、馬が逃げたということだけさ」

その後、農夫と息子は畑で、自力で土地を耕す日々を送った。ある日、遠くに馬が見えた。それは逃げた馬だった！　馬は、野生の馬を7頭も引き連れて戻ってきたのだ。

知らせを聞いた村人たちは大喜びして駆けつけ、「なんという幸運だ！　よかったじゃないか！」と祝いの言葉をかけた。けれども農夫は微笑み、穏やかに言った。

「良いか悪いか、誰にもわからないよ。わかるのは、私の馬が7頭の馬を連れて戻ってきたということだけさ」

翌日、農夫の息子が新しい馬を慣らそうとして、1頭の背中に飛び乗った。ところが、その馬は激しく腰を振って大きく前のめりになったので、息子は地面に叩き落とされ、両足を骨折してしまった。

その晩、村人たちがやって来て、かわいそうな息子のことを嘆いた。

「なんという災難なんだ！」。しかし農夫は微笑んで冷静に言った。

「良いか悪いか、誰にもわからないよ。わかるのは、息子の両足が折れたということだけさ」

次の日、軍隊が兵士を集めるために村にやって来た。戦争が始まっていて、戦う体力のある男は、すぐに出兵しなければならなかった。各世帯は、兵士を2人出さなければならなかったが、軍の担当者は農夫の息子の足の状態を見て、免除を認めた。農夫は微笑んで冷静に言った。

「良いか悪いか、誰にもわからないよ。わかるのは……」

この「人間万事塞翁が馬」と呼ばれる中国の農夫と息子の物語からは、いくつもの教訓が得られる。物事はどう転ぶかはわからないから、事態を見守ること。何が良いことで、何が悪いことかは簡単に決めつけるべきではないこと。悪い出来事の直後に、良い出来事が起こりえること。

農夫の「良いか悪いか、誰にもわからないよ」という言葉には、私たちが簡単には到達できない冷静さと達観の境地が表れている。

一方、村人の反応は、私たちにとってはるかに身近なものだ。何か起きると、すぐにその意味を解釈しようとする。その知らせは良いものなのか、悪いものなのか？　幸運が訪れたのか、災難に見舞われたのか？　損をするのか、得をするのか？

事実や出来事、展開、行動を即座に分類しようとするこうした態度は、強迫観念のように見えることすらある。しかしそれは、私たちが不思議の感覚や好奇心をもって深い質問をすることの妨げになる。

私たちは、村人のように目の前の現実をすぐに解釈しようとするのではなく、農夫のようにまずは冷静にその出来事そのものを受け止めようとすべきなのだ。**今すぐに解釈しなくても、後で時間を置いてから、その意味をじっくり考えればいい。**その頃には、考えが変わっているかもしれない。そのあいだに、成長や成熟のチャンスがあるかもしれないし、新しい情報が出てきたり、新しい変化が起こったりするかもしれない。それは、誰にもわからないのだ。

▼判断せずに、ただ観察する

判断に慎重になるというのは、言うは易く行うは難しだ。

早急な判断をしないようにするには、どうすればいいのだろうか？

そのために役立つ刺激的な哲学に、ストア派哲学がある。
ストア派哲学と聞くと、無感情で、無味乾燥で、近寄りがたい何かを連想するかもしれない。だがそれはもったいない。この哲学には汲めども尽きないような魅力と奥深さがある。

ストア派哲学を表すストイックという言葉は、厳粛で重苦しい何かではなく、古代アテネで人々が哲学的談義をしていた柱廊（stoa）に由来している。

ストア派哲学は実践哲学だ。この哲学では、**自分の力ではどうしようもない事柄に執着するのをやめ、自分がコントロールできることに集中することが奨励されている。**

その結果として得られるものは、心の平和だ。ストア派哲学は、高潔な生活を送ることを目的とした実践的な訓練法や瞑想法をいくつも開発した。この哲学はいくつもの時代を経て、数々の著名な思想家の影響を受けながら発展した。

ストア派哲学を代表する哲学者にエピクテトスがいる。

彼は、倫理的なアドバイスを記した短い手引書『エンキリディオン』の中で、日常的な問題について触れ、人間の判断に関する傾向に言及している。

エピクテトスは、**「判断せずに、ただ観察すること」**を勧めている。

誰かが素早く身体を洗っていたら、その人の身体の洗い方が悪いと言ってはいけない。単に「彼は素早く身体を洗っている」と言うべきだ。

誰かがワインをたくさん飲んでいたら、その人のワインの飲み方が悪いと言ってはいけない。単に「彼はたくさんワインを飲んでいる」と言うべきだ。

その人にどんな動機があるのかがわからないのに、悪いことをしていると決めつけてはいけない。そのような決めつけをしていると、自分の心に浮かんだ印象をただ強めるような判断しかできなくなる。[4]

作家で哲学教授のマッシモ・ピリウーチは、最近の著書『迷いを断つためのストア哲学』（早川書房）の中で、このエピクテトスの考えをさらに一歩進めて、次のように説明している。

これは、事実（観察によって正当化されているとわかれば同意できる事実）と判断（十分な情報がないために、一般的には控えるべきもの）を区別するという考え方だ。[5]

☑ エクササイズ――自分の判断を自覚する

「慎重な判断」の訓練をする機会は、日常生活の中に無数にある。バスに乗り遅れる、同僚に嫌味を言われる、通行人に無礼な態度を取られる、などの日常的な出来事に遭遇すると、私たちは反射的にこうした出来事や相手に判断を下そうとする。

そんなときは、まずは、「自分はこうした状況や人に対して即座にレッテルを貼っている」という事実を自覚することだ。

同じような状況に直面したら、こう自問してみよう。

「私は今、目の前の人や状況に対してどう思っているだろう？　それを簡単な言葉で表すとしたら何になる？　愚か？　満足？　傲慢？　せっかち？　美しい？　醜い？　早過ぎる？　遅過ぎる？」

この簡単な訓練は、自分が考えたり見たりするものを「概念」としてとらえるのに役立つ。これによって、自分の思考から距離を置きやすくなる。

もう一つ注意すべきは、自分の考えを非難していないかどうかだ。「これを良いことだと思うべきじゃない」とか「事態はそれほど悪くないかもしれない。おおげさに考えるべきではない」などと、率直な考えをゆがめるような思い込みをしていないか気をつけてみよう。

☑ エクササイズ──アジャイル・パースペクティブを実践する

自分がどんな場面で判断を下しがちなのかを自覚し、無理やりにそれとは反対のことを考えようとしたり、停止しようとしたりはせずに、それを客観視することを心がけよう。

その次のステップは、アジャイル・パースペクティブの訓練だ。

何かに対して判断を下したいという強い衝動に駆られたら、次の５つのエクササイズを実践してみよう。

1. 自分の判断を書き留める。どんな考えを抱いたか、正確に記述する。
2. 判断に至った状況を、できるだけ正確に書き留める。
3. まったく同じ状況下で他人が下すと思われる判断を3つ考える。
4. この3つの他人の判断を正当化する論拠を考える。
5. この3つの他人の判断が正しいケースを考える。

これらを実行するだけで、心にゆとりが生まれ、一息つく余裕をもて、違う視点が開けてくる。例を挙げよう。

判断：「またナタリーが文句を言っている」
状況：ナタリーが会社のコーヒーマシンの前でジョナサンと話していた。彼女は「ああ、本当に忙しい！　仕事を終わらせる時間がないの。昨日も遅くまで残業したから、娘を学校に迎えに行けなかった。まったく嫌になるわ！」と言いながら、顔をしかめ、ため息をついた。
同じ状況で誰かが思いつきそうな判断：

1. ナタリーはジョナサンを信頼しているから、本音を吐露している。
2. ナタリーは、心配事を誰かに話す必要があると感じている。
3. ナタリーはただ愚痴が言いたいだけで、実際にはそれほど困っているわけではない。

☑ エクササイズ──自分の判断を客観的にとらえる

誰かが「素早く」身体を洗っていた、「たくさん」ワインを飲んでいた、という事実のみを受け入れるべきだ、というエピクテトスの言葉を頭の片隅に置きながら、ストア派哲学者のように考える訓練をしてみよう。

事実をありのまま受け止め、自分が下している判断を客観視する。判断は常に事実の観察に対する反応であることを意識し、2つの違いを心に留めておく。例を見てみよう。

判断：「ハリーはいい加減、シャツにアイロンをかけたらどうなんだ」

事実：ハリーはいつも、シワシワのシャツを着ている。

まずは、自分の判断に疑問を投げかけてみよう。

例えば、「ハリーはシャツにアイロンをかけるべきだと思ったのは誰か？」と自問してみよう。答えは「それは私だ」になる。次に、「では、ハリーにシャツにアイロンをかけるように言うべきなのは誰か？」と自問してみよう。おそらくあなたは、自分はハリーの身なりについてとやかく指図する立場にはないことに気づくはずだ。

観察と解釈の違い

私は乗馬とコーチングを組み合わせたセッションも提供していた。受講者は、馬と触れ合いながらコーチングを受けることで、自分の行動や信念、エネルギーをよく理解できるようになる。

馬は人間の言葉を話せないが、私たちのボディランゲージを敏感に感じ取ってくれる。

セッションの内容は、受講者が自分の馬または私の馬に乗り、馬場を走りまわりながらコーチングの課題を行い、その後で私と一緒に振り返りをするというものだった。

▼「ただ観察すること」の難しさ

受講者には、最初に「観察する」というタスクを与えた。馬場の端に立って馬を見てもらい、「何が見えますか?」という質問に答えてもらうのだ。

受講者は、たいてい次のように答えた。

「好奇心をもっています」

「怖がっています」

「人を乗せる気にはなっていません。目をそらしているからわかります」

「草を食《は》んでいるので、お腹を空かせています」

観察対象が自分の馬である場合、答えは詳しくなった。

「あの子は今気難しそうにしています。よくああなるんです」

「あなたがいるから、恥ずかしがっています」「この馬は耳がよくて雑音が気になるので、それで今、少し落ち着かない気持ちになっています。ほら、耳がピクピク動いているでしょう？」

けれども、私が尋ねたとおりの答えを返してくれる受講者はめったにいなかった。「何が見えますか？」としか尋ねていないにもかかわらず、「左に向かって歩いています」「遠くを見ています」「草を食べています」「耳は尻尾の方を向いています」といった、**ただ観察したことだけを答える人はほとんどいなかった。つまり、自分の解釈を加えていたのだ。**

私が観察と解釈の違いを説明すると、受講者は理解してくれた。彼らは、客観的に見たものを説明していたのではなく、馬の行動を自分なりに解釈した結果を説明していた。

観察に集中すると、受講者の解釈も純粋になった。彼らの解釈は、確固とした事実ではなく、まだ証明されていない仮説のようなものになった。

馬が落ち着かない、怖がっている、怒っているとは、誰にも断言できない。「おそらくそうだろう」と推測できるにすぎない。

私は、乗馬の仕事を通じて発見したことは、私たちが他人を見る方法にも当てはまることに気がついた。

人が相手の場合も、馬が相手の場合と同様、**純粋な観察に徹底するのはとても難しい**。いつの間にか、群がる鳩たちのように、解釈が脳内を飛びまわっているのだ。ソクラテス的な態度を身につけるためには、目の前の現実を客観的に観察できるよう感覚を訓練しなければならない。

脳に介入させたり、観察したことを自分が創った物語に基づいて解釈したりしてはいけないのだ。

☑ エクササイズ——解釈ではなく観察する

知らない人を観察してみよう。ここでも、人通りの多い屋外のスペースがお勧めだ。広場のベンチやカフェのテラス席に腰かけ、落ち着いて他人を観察する。見たものを、そのまま頭の中で言葉に置き換えてみよう。

あるカップルが、「口論」しているように見える。でも、それはあなたの解釈なので、もう一度、観察に徹してみよう。女性は右腕で手振りを交えながら、眉間にしわを寄せて何かを話している。男性は顔を上げ、ため息をつき、怒鳴っている。「それはこっちのセリフだよ！」

この場合、カップルがけんかをしていると結論づけるのは論理的だ。実際、その通りかもしれない。とはいえ、私たちが的外れな結論を出してしまうケースは多い。相手を一目見ると、すぐに「嫌な奴」「今日はご機嫌が悪そうだな」といったレッテルを貼ってしまう。

客観的に観察することで、距離を置け、結果として判断の質を高められる。

▼デカルトに学ぶ「知らないこと」に耐える方法

ソクラテス的な態度とは、「確実に知っている」と思っていることを、「まったく確信がもてない」という状態になるまで疑うことだ。

それは「知らないこと」を受け入れる能力を鍛えるのに役立つ。**不確かな知識を消していくことで、新しい本物の知識のためのスペースが生まれる。**確実に知っていると思っていることを疑えば、新たな発見のための機会を得られる。

この「徹底的に疑う姿勢」について教えてくれる哲学者に、「我思う、故に我あり」という言葉で知られるフランスの思想家、ルネ・デカルト（1596〜1650）がいる。

デカルトは絶対的に確信できるものを求め、その過程で体系的な疑いの技法を編み出した。彼は可能な限りあらゆるものを疑った。「疑わしいものをすべて取り除けば、真実だけが残る」と考えていたからだ。

デカルトにとって、真の知識を得るための出発点は、既知のあらゆるものを根本から疑うことだった。彼は疑いの余地のない真実を徹底的に探し始めた。

デカルトは、自分が長年抱いてきた考えに一つひとつ疑問を投げかけていった。そして、確信していると思われることにぶつかると、それへの反論を試みた。

熟考した結果、デカルトは「物事を知ることができるのは、感覚があるからである」

という考えに行きついた。けれどもさらに深く考えていくと、感覚さえも疑わしいと思うようになった。

今、この瞬間に椅子に座っていることを伝えてくる感覚は、夢を見ているときに経験する感覚と同じだ。しかし、夢は現実のように感じられるが、実際にはそうではない。

それに、人はしょっちゅう感覚にだまされる。

私たちは日常的に、「後ろで何かの気配がして振り返ったが何もなかった」「ポケットの中の携帯電話が振動していると錯覚した」といった経験をしている。彼は結局、感覚は最も信頼できる知識源ではないと結論づけた。

デカルトは最終的に、疑いようのない一つのことにたどり着いた。

それは、「自分が考えている」ということだった。

あらゆるものに徹底的に疑いの目を向けた結果、現実の世界を感覚的に認識することは疑わしいと思えた。

しかし、デカルトは自分が疑っていることを知っていた。そこには、「考える存在」

がいた。これが彼の有名な「我思う、故に我あり（コギト・エルゴ・スム）」につながった。

デカルトが見つけたことは、私たちがソクラテス的な疑いの態度を身につけるための大きなヒントになる。

物事を注意深く観察し、確実に知っていると思っていることに疑問を投げかければ、実際には確かなことはほとんどないと気づくだろう。

☑ エクササイズ——自分の考えを徹底的に疑う

確実に正しい、と思える意見を頭に思い浮かべてみよう。

どんなものがあるだろうか？　その意見を書き留め、「これは絶対に正しいですか？」と自問してみる。まずは、その質問に肯定的に答えてみよう。「はい、これは絶対に正しいです。なぜなら……」

そして、それを裏づける理由を思いつく限り書き出してみよう。

どんな理由があるだろうか？（念のために言うと、「そういうものだから」「自分がそう感じるから」などは理由にならない）。その意見の正しさを裏づける、最も説得力のある理由を書き出してみよう。

次に、同じ意見に対して、今度は「いいえ、それは正しくはありません」という言葉から始め、その理由を考えてみよう。

この意見とは反対の意見をもつ人は、その理由をどう説明するだろうか？ どのような状況なら、あなたはこうした反対意見に同意するだろうか？

ここで、元の意見をもう一度見てみよう。このエクササイズによって、自分の考え方の幅が広がったことに気づいたかもしれない。自分の意見が、以前ほど確固としたものではなくなったように思えるかもしれない。

絶対に変わらない意見というよりは、もっと軽く、一時的に身につけるものというふうに感じられるのではないだろうか。

こんなふうに自分の考えが揺らぐことが、少し怖いと感じただろうか？ それは妥当な反応であり、それ自体が有用な情報になる。

すなわちこのエクササイズは、私たちが「確かなことを知っている」ことにどれだけ執着しているかを教えてくれるのだ。

▼「何もしない」ことをする

中国古来の宗教である道教には「無為」と呼ばれる概念がある。大雑把に訳すと、**無為とは「〝何もしない〟ことをすること」である。**

無為は、「何もしないこと」と混同されがちだ。何もしないこととは、文字通りただ受け身でいて、自分から何も行動を起こさないことだ。

だが、無為はそうではない。道教の指導者レイノウド・エレヴェルドが説明するように、無為の実践は、何もしないこととは違う。[6]ただ行動を避けていれば、何も起こらない。そこには技法と呼ばれる何かは存在しない。

一方の無為では、「何もしない」ことも一つの行動と見る。

無為の核心は、エゴの干渉を受けずに行動することだ。

言い換えれば、自分自身を意識することなく何かをすること。それは、自然の本能や美徳、知恵から生まれた純粋な行動だ。

重要な場面でエゴが関与しないからこそ、何もしないことが技法になる。エゴはただ行動を見守っているだけで、介入しようとはしない。それが無為の境地なのである。

エレヴェルドは、このとらえどころのない概念を、**「傍観者効果」**の例を用いて説明している。

街中にある運河に、老人が誤って落ちたと想像してみよう。

その瞬間に何もしないということは、溺れるかもしれないという深刻な危険にさらされている人を傍観することになる。**誰もが、「誰かがあの老人を助けてくれるはずだ」と思いながら、何もせずにそこに立ち尽くしてしまう。**

結局、大勢の人が見ている中で、老人は溺れてしまう。これが傍観者効果だ。災害が起き、周りにはたくさんの人がいるのに、誰も何もしない。

傍観者効果は、社会が直面しているさまざまな問題にも当てはまる。人種差別や偏見をなくしたい、性的人身売買の餌食になる若者を減らしたいと願っていても、そのための具体的な行動を取る人はめったにいない。地球温暖化を食い止めるために化石燃料の使用を終わらせたいと思っていても、ガソリン車から電気自動車に乗り換える人は少ない。

運河の話に戻ろう。

無為の実践者は、困っている老人を見たら、傍観者にはならず、躊躇なく水に飛び込む。靴や服を汚すことも、大勢の目があることも気にしない。**「受け身で何もしないこと」とは対極にある、微塵の迷いもない、決断力のある行動を取る。**私利私欲を考えることなく、全力で老人を助けようとする。

▼「疑念」と「無知」の違い

「疑念」とは何かを考える上で、無為から学べることがある。「ただ何もしないこと」が「〝何もしない〟ことをすること」とは異なるように、「疑念」もまた、「無知」とは異なる。

一見すると、疑念と無知とは似ているように見えるかもしれない。どちらも知識の欠如を意味しているが、**疑念が不確実性をもたらすのに対し、無知は強固で意識的な経験である。**ソクラテス的な態度を身につけるためには、無知という概念のほうがはるかに有用である。

無為がエゴとは何の関係もない静寂から生まれるように、無知もまた、同じように純粋で穏やかな心の状態から生まれる。

私たちは何かを疑っているとき、疑いの対象に心を絡め取られている。

だが**何かを知らないときは、一歩下がって対象と距離を保てる。**

この2つの違いを見てみよう。

・無知は何も求めずに観察し、疑念は解決策を期待する。
・無知は確実さを意識的に捨て、疑念は確実さを求める。
・無知は手のひらを広げ、疑念は何かをつかんでしがみつく。
・無知は冷静に何かを見つめ、疑念は視線を行ったり来たりさせる。
・無知は立ち止まって体験し、疑念は揺れ動いて探索する。
・無知は視野を広げ、疑念は焦点を狭める。
・無知は忍耐強く、疑念は答えを要求する。
・無知は自分自身とつながり、疑念は自分の外の何かに手を伸ばす。
・無知は何も解決しようとせずに問題自体を受け入れ、疑念は解決を求め、問題が存在しないことを望む。
・無知は平穏と信頼に根ざし、疑念は恐怖から生まれる。

▼5分間だけ無知に向き合う

会議を例に取ろう。

あなたは会議に参加している。厄介な問題に対処し、決断を下さなければならない会議だ。

当然ながら、あなたは他にもすべきことを大量に抱えていて、頭の中では雑念が渦巻いている。会議は最悪のタイミングで開かれ、予定時間をオーバーして延々と続くだろう。しかし、他に方法はない。今すぐに決断を下さなければならないし、そのための議論をしなければならないのだ。

このとき、議論を始める前に、あなたが他の参加者に向かって**「5分間だけ、『自分は何がわかっていないか』について考えてみませんか」**と提案したらどうなるだろう？　どんな効果が生じるだろうか？

おそらく、全員がその場でさまざまなアイデアを考え、紙に走り書きするのではないだろうか。すでに心に決めた考えを見直すことも、より深く考察した上で再確認することもあるかもしれない。

これが他人の思いつきの意見に振りまわされずに、自分の思考プロセスや自分自身の無知と5分間向き合うことの効果だ。

共感を棚上げする

相手に深く考えさせるような、焦点を絞った、観察に基づいた良い質問をしたいとき、意外にも共感はあまり役立たない。**良い質問をすることが目的なら、共感力はオンにするよりもオフにしたほうがいいのだ。**

これを、新たに身につけた不思議議の感覚と好奇心のスキルを練習する機会だと思っていただきたい。

▼「共感」が役に立たない理由

「共感」はさまざまな意味で使われる言葉だが、基本的には、他人の状況を理解し、相手が感じていることを理解する能力を指す。

相手が経験している（少なくとも、あなたがそう想像している）のと同じように、その状況を経験すること。つまり、他人の立場になって考えることだ。

「共感が相手を理解するのに役立つのなら、それの何が問題なの？」と思った人もいるかもしれない。

もちろん、共感が役に立つ場合はある。けれども、**共感が厄介な存在になる場合もある。**

『Against Empathy』（邦題『反共感論』、白揚社）という、文字通り共感に対して批判的な内容の著作があるイェール大学の心理学者ポール・ブルームは、ボストン・

レビューに掲載された記事で、次のように書いている。

> 今どんな仕事をしているのか、と尋ねられ、「共感についての本を書いている」と答えることが多い。たいてい、相手はにっこりと微笑んでうなずくが、私が「共感を批判的にとらえた本なんです」と付け加えると、気まずそうに苦笑いする。
> 最初はこうした反応に驚いたが、しばらくして、共感に反対する立場を取ることは、子猫が嫌いだと公言するようなものだと気づいた。あまりにも突飛な考えなので、冗談のようにしか受け止めてもらえないのだ。[7]

ブルームは、道徳や思いやり、良き隣人であること、正しい行いをすること、世界をより良い場所にしようということに反対しているわけではない。むしろ、彼はこれらを熱心に支持している。

ただ、それを達成する方法として共感を用いることを勧めていないだけだ。

良い人になりたい、良いことをしたいと思っているとき、共感が役に立たない場合が多いからだ。

彼は、共感が理論上は他人を助け、世界を良い場所にするための力になることを認めつつ、実際にはそうではない場合が多いと主張している。

研究によれば、私たちの共感にはある種のバイアスがあり、自分と同じ社会集団の人や自分と似ている人、容姿端麗な人、幼い子どもなどに対してより強く感じる傾向があるという。つまり、**私たちは共感の対象を選り好みしているのだ。**

▼「認知的共感」と「感情的共感」

ブルームは共感を**「認知的共感」**と**「感情的共感」**に区別している。

認知的共感とは、他人の精神状態を推測し、その立場を想像してみることだ。これは非常に有用なものになりうる。

彼は、よくない診断結果を患者に伝えなければならない医師の例を挙げている。当然、医師が認知的共感を用いて、この悪い知らせが患者に与える影響を推し量れれば、それは役に立つものになる。これは**理性的な推論であり、社会的知性の賢い使い**

方である。

しかし、感情的共感はこれとは違う。医療従事者は患者と同じ感情をもつべきなのだろうか？　ブルームの答えはノーである。

感情的共感を抱いた結果、外科医は手術ができないほど動揺してしまいかねない。相手と一定の距離を保つことが適切な状況（例えば、道徳的な判断をすることが求められる状況）では、相手と同じ感情になることはあまり役に立たない。**道徳的な判断は共感ではなく、理性的な省察に基づくべきだからだ。**

ブルームは著書や論文の中で、感情的共感に代わるものとして、**「非共感的な思いやり」**と呼ぶ資質について論じている。長期的には、こちらのほうがはるかに有益だという。

相手と同じ痛みを感じようとする感情的共感の問題点は、客観的な判断能力に大きな影響が生じることだ。

親友のパートナーが亡くなったと想像してみよう。この場合の感情的共感とは、親友の痛みを一緒に感じることだ。そのパニックや悲しみを、できるだけ同じように経験しようとする。

しかし、それは本当に友人のためになるだろうか？

ましてや、自分のためになるだろうか？

これに対し、非共感的な思いやりとは、親友の悲しみに打ちのめされることなくサポートを提供することである。このほうが、関係者全員のためになりやすい。

▼「共感的中立性」を保つ

ある程度の距離を保つことが適切な状況では、必要なのは共感ではなく思いやりだ。思いやりは相手を助けたいという気持ちを生む。出来事を俯瞰し、自らの感情にとらわれることなく、相手の話を聞き、分析できる。共感を棚上げしてこそ、価値のある質問ができる。

ソクラテス式問答法では、これは**「共感的中立性」**として知られている。

一定の距離を保って批判的な質問をするために、相手の感情や苦しみを共有しようとするスイッチを切るのだ。

感情やその表現を、肯定も否定もせずに認識する。

会話中に共感的な反応が始まり、「助けたい」「ヒントを与えたい」「自分の経験を伝えたい」という考えにかられ、実際にそうしてしまうと、相手の思考の流れが止まってしまう。

共感的中立性を保っていれば、相手は自力で深く掘り下げて考えることができる。状況によっては、それはあなたが相手に与えられる最大の贈りものになる。

共感的中立性があれば、質問を続けやすくなる。相手と会話のテーマから距離を保ち、どんな質問をすれば相手をさらに考えさせ、洞察を深め、思考を助けるかを吟味できる。もちろん、これは注意深い傾聴とも密接に関連している。

▼相手に共感するより大切なこと

ソクラテスは共感を一時的に封印することに長けていた。

会話の中で、事実や議論、仮定に対して容赦なく疑問を投げかけた。

共感的中立性を保つことで、相手を不安にさせたり、怒りや羞恥心を抱かせたりすることにもなった。

ソクラテスが、同情的な「ああ、言いたいことはわかるよ」「そうか、残念だったね」といった言葉で相手を安心させなかったからだ。

こうした容易な共感を拒否したからこそ、ソクラテスとの会話は価値のあるものになったのだ。

相手は、自分の考えが妥当なものであるかどうかを真剣に考えるようになった。概念を別の視点からとらえるようになった。新しい発想を抱く余地が生まれた。

もしソクラテスが「ああ、君が困っているのがわかるよ。本当に辛いよね。さあ、ビールでも飲みに行こう」と共感的に対応していたら、真摯な対話から生まれる深い理解は得られなかっただろう。

しかし、私たちは日常において、ソクラテスとは別の方法を採用することが多い。「相手に共感しなければならない」という思いから、重要かつ有意義な質問をすることを犠牲にしてまで、相手の痛みを全力で感じようとする。

しかし実際には、**共感して肩を叩くよりも、考え抜かれた質問をするほうが、はるかに相手のためになる**ケースは少なくないのである。

共感のマイナス面や、共感的中立性の価値が見えてきただろうか？

▼人生の問題を哲学的に探求する

私は、悩みごとを相談者と一緒に話し合いながら哲学的に解決するという実践的なワークショップを行っている。

相談者はそこで、自らにとって重要な人生の問題の答えを探そうとする。それらはたいてい、彼らが長いあいだ抱えてきた、**懸命に考えても自分では満足のいく答えを出せなかった問題**だ。

相談者は、こうした問題の答えを、その根底にある他の問題や前提条件と合わせて、私と一緒に考えていく。

私の役割は、相談者に鋭い質問を浴びせることかもしれない。

相手を刺激し、考えさせ、動揺させるような質問だ。けれどもここでの目標は、相手に限界を超えさせようとしたり、矛盾を突きつけたりすることではない。

目標は、一緒に賢くなることだ。相談者が本当は何を考えているのか、その思考の根拠は何かについて一緒に考えることだ。

共感的中立性を保つことで、私と相談者は問題を俯瞰できるようになる。

「あなたが考えていることは本当に理にかなっているのか?」「それは論理的か?」。

私たちは、もつれた思考の糸を一緒に解きほぐしていく。ある思考と別の思考とを切り分け、発言の背後にある前提に目を向け、判断や思い込みに疑問を投げかける。

ある時、アンリエットという女性が、悩みごとを哲学的に解決したいと私のもとを訪れた。60歳間近の彼女には、どうしても解決できない問題があった。

それは、「私は人種差別主義者なのか？」だった。このようなデリケートな問題について、真摯に向き合おうとする人は少ない。それには勇気が必要だし、ましてや哲学的な対話の中で誰かと一緒にそれを探求するのはさらに勇気が要る。

彼女は、自分が真実を求める厳しい探求に乗り出していることを自覚していた。

哲学的な探求で求められるのは共感ではなく、自分の心の奥底にある考えを直視し、それを立証することだ。

答えは「はい、私は人種差別主義者です」になるかもしれない。そのような真実に正直に向き合うことには、大きな苦痛や不快感が伴う。

アンリエットは、この疑問を探求すると決意していたが、それは気軽でも簡単でもなかった。彼女は自己検閲の泥沼にはまっていた。

▼偽の言葉で心を落ち着かせてはならない

人生の大きな疑問の多くには、羞恥心や罪悪感が関わっている。

だから、それを避けてワインを飲んだり、ネットフリックスを見たり、何も考えずにフェイスブックの画面をスクロールしたりして気を紛らわしたくなる。

しかし、アンリエットは勇気を出してこの疑問に向き合おうとしていた。

私の役割は、彼女の同伴者であり、ガイドであることだった。

「自分が人種差別主義者かもしれないと思うのは、例えばどんな考えを抱いているからなのか、具体的に教えてくれませんか?」と尋ねると、アンリエットは恥ずかしくてたまらないという反応をした。

「それを口にすることにはためらいがあります。怖いんです。私は学校で倫理学と宗教学を教えています。模範を示すべき者であり、そのようなことを考えるのは間違っていると思うからです」

そこで、私たちは彼女の仕事について話すことから始めた。

彼女の答えから、「倫理学や宗教学を教える者は、人として正しい振る舞いをすべきであり、間違った種類の考えを抱いてはならない」という強い価値観をもっていることが明らかになった。

しかし彼女はすぐに、自分が完璧で道徳的なスーパーヒーローだと信じていない限り、そのような信念は成り立たないことを受け入れるようになった。

しばらく話し合った後、彼女はついに勇気を出して、自らの内にある人種差別的な考えを述べた。

「時々、黒人は白人よりも賢くないと思うことがあるんです」。そう言った直後、彼女は真っ赤になり、口ごもって謝罪した。「本当にごめんなさい。でも、それが私の考えていることなんです。こんな考えはよくありません。そんなふうに考えてはいけないのはわかっているのですが」

このような場合、私たちは「他の人ほど悪くない」とか「周りには言わないだけで、誰だって同じような考えをもっているはず」といったその場しのぎの言いわけをしてごまかそうとする。

もし私が共感的に反応していたら、彼女の気分を良くしようとしただろう。だが、それは彼女のためにならない。

哲学的な対話は、偽の言葉で心を落ち着かせたり、事実を覆い隠したりするためのものではない。それは、探求心と適切な質問によって、無意識の思考や判断、思い込みや前提を問いなおすためのものである。

▼たった一つの質問が健全な結論を導く

ここで共感的中立性の出番だ。私はアンリエットに共感しようとするのではなく、黒人が白人よりも知的ではないと思う根拠は何かを尋ねた。彼女は答えた。

「それは、私の身の回り、例えば学校の職員室や学会には、黒人よりも白人のほうがはるかに多いからです。ですから、白人は黒人よりも教育を受けていると思えます。それが私の結論の根拠です」

ここでの彼女の論拠は、**「逸話的な議論」**というカテゴリーに分類されるものだ。

つまり、個人的な経験から一事例を取り上げ、それに基づいて一般的な結論を導き出している。「私の祖母はタバコを吸っていたが、93歳まで生きた。だから、喫煙は健康に悪くない」というのがその典型的な論法だ。

第三者がこうした主張を否定するのは簡単だ。たった1人のケースを喫煙と健康の全般的な関係に当てはめることに論理性はない。しかしそれでも、私たちはこのような考えをしてしまいがちだ。

誰かがこのような思考にはまり込んでいる場合に質問者が目指すべきは、相手の批判的精神を呼び覚ますことだ。**視点を変え、物事を違った角度から見て、これまでの考えに新たな光を当てる方法を探るのだ。**

そのために必要なのは、相手と距離を保つことであり、物事を大局的にとらえる、クリアで整然とした心である。

アンリエットの場合、私は「もしも」から始まる質問を選んだ。

「もしも来月、あなたが交換留学でナイジェリアの中学校に派遣されたとしたらどうでしょう？　職員室を見まわしたとき、何が見えると思いますか？」

アンリエットはしばらく黙って考え、こう答えた。

「いつも私が見ているのとは違う光景でしょうね。当然、黒人の教員がたくさんいるでしょう」

「それで？」と私は尋ねた。**時には、たった一言の質問が、相手を健全な結論へと向かわせる。**

「私の身近には、単に黒人よりも白人が多いということに気づきました。黒人についての私の思い込みは事実ではなく、私自身の状況や周りの人たちのことを物語っているにすぎません。私が論理的な証拠だと思っていたものは、実際にはまったく論理的ではありませんでした」

「他に、『黒人は白人よりも知的ではない』というあなたの考えを裏づける証拠はありますか？」と私は尋ねた。

彼女はしばらく懸命に考えた後、「いいえ、これだけです」と答えた。

私はさらにいくつかの道を追求し、彼女の最初の結論の証拠となるような考えが本当に他にはないことを確認した。どんなに探しても、彼女は何も見つけられなかった。

▼勇気を出して自分の考えを疑う

アンリエットの考えは、厳密な検証に持ちこたえられなかった。彼女は勤務先の学校の職員室での観察に基づいて判断を下し、それを長いあいだ疑わなかった。だがあるとき疑問を抱き始め、悩むようになった。私たちは会話を通してこの経緯を解きほぐしていった。

最初、彼女は混乱していたが、次第に安堵を覚え、新たな気づきを得た。自分がどのようにしてこの偏った考えを抱くようになったかを理解できたのだ。

アンリエットのケースは、人がいかに自らの思考にとらわれ、袋小路に陥ってしまうかを示している。

心の中に、ある考えがある。それはもつべきではない悪い考えに思えるので、深く検討する気になれない。まさに堂々巡りだ。

しかし、**勇気を出してそれを疑ってみると、考える余地が生まれる。**

自分の中に新しい選択肢ができる。

このとき、共感に基づいてあなたを慰めたり安心させようとしたりする人や、「そんな考え方はダメだ！」と言って頭ごなしに否定してくる人と話をするのは有益ではない。

必要なのは、あなたの話をそのまま受け止め、少し距離を置き、あえて少し踏み込んだ質問をしてくれる人なのだ。

☑ エクササイズ——共感的中立性を訓練する

共感的中立性を訓練するために、「自分は質問だけをして、相手はそれに答えるだけ」という形の会話をしてみよう。

理想は、このエクササイズの趣旨に同意してくれる相手を見つけることだ。

まず、相手に最近経験した、イライラした出来事を話してもらう。スーパーの列で割り込まれた、高速道路で煽り運転された、義理の両親と激しい口論をした、職場で嫌な出来事があった、などだ。

相手が話しているあいだ、あなたは耳を傾ける。相手の窮状に共感したり、相手の感情を肯定したりしてはいけない。「なんて失礼な！」「それは残念だね」といった発言は避け、静かに話を聞く。

相手が話し終えたら、事実に基づいた質問を一つする。

「他に誰がいたの？」「口論はどれくらい続いた？」「どんな気分だった？」「何に対して腹が立ったの？」などだ。質問をしたらまた黙って相手の話を聞き、相手が話し終えたら次の質問をする。このプロセスを繰り返す。

おそらく、あなたは違和感を覚えるはずだ。

なぜなら私たちはふだん、会話をしながら相手の話に同意することに慣れているからだ。共感的中立性は、快適な会話の習慣とは根本的に反対のものなのだ。

ソクラテス的な反応を身につける

私は法廷映画の古典的名作である『十二人の怒れる男』が大好きで、飽きずに何度も観ている。この作品には、12人の陪審員が登場する（全員が男性だというところが、この映画が制作された1957年の社会的状況を物語っている）。彼らは、父親殺しの罪に問われている、貧困地区に住む少年の運命を左右する評決を下さなければならない。

もし有罪の評決を下せば、少年は死刑を宣告される。また彼らの評決は、有罪か無罪かを問わず、全員一致でなければならない。法廷での審理の後、12人は陪審員室に戻り、審議を開始する。

彼らは最初の投票を行う。陪審員長が、少年が有罪だと思う人に挙手を求める。映画が始まってから、10分ほど経過した時点のシーンだ。さまざまな性格や性向、人生への不満をもつ12人の男たちが投票する。

挙手したのは11人。陪審員たちは、唯一手を挙げていなかった者がどこにいるのかと、いぶかしそうな表情で周りを見渡す。それは、ヘンリー・フォンダ演じる8番の陪審員だった。直後のシーンでは、同調圧力がどう作用するかが巧みに描かれる。

▼同調圧力に負けず少数派を尊重する

1人の陪審員が笑い出す。

「まったく！　必ずこういう者が1人はいる」

「あの少年が無実だと本当に思っているのか？」別の陪審員が尋ねる。

フォンダは一瞬の躊躇の後に、「わからない」と答える。

「法廷の審理を聞いてわかったはずだ。彼は危険な殺人者だ」別の陪審員が言う。

「ここにいる11人の男が有罪だと思っている」また別の陪審員がつけ加える。

「君を除いて、誰も再考の余地はないと思っている」

「聞きたいことがある」別の陪審員が言う。

「君は少年の話を信じるのか？」

フォンダは答える。

「信じているのかどうかはわからない。たぶん、信じてはいない。だが、これは人の生死がかかっている話だ。5分で決めるべきではない。私たちが間違っているかもしれないと考えてみよう」[8]

他の陪審員の反応は、同調圧力の典型例だ。多数派は常に少数派を説得しようとする。陪審員長は平然と言う。「では、反対している紳士に、その理由を説明していただきたい。そうすれば、われわれはあなたが勘違いしている理由を示せると思う」

陪審員長の隣に座っていた陪審員が言う。「私たちが正しくて彼が間違っていることをこの紳士に納得させるために、それぞれが1人につき数分かけて話をしたらどうだろう」

集団は、数の力で少数派の意見を即座に抑え込もうとする。他の陪審員たちは、フォンダ演じる紳士の誤った考えを正そうとした。

私自身、会議や大きな集まり、グループディスカッションの場で、このような同調圧力を感じることが多い。子どもの頃、食卓を囲んで家族で話をしていたときでさえ、家族全体の意見に合わせなければならないという空気を感じた。

ソクラテスの反応はこれとは正反対だ。そこでは、少数派の声が尊重される。なぜなら、**少数派の意見には興味深い視点や新しいアイデア、代替案があるからだ。**私たちは、そこにすばらしい知恵が隠れているかもしれないのに、他人の声をすぐに黙らせようとしてしまう。

『十二人の怒れる男』では、ヘンリー・フォンダが演じる8番の陪審員は最終的に他の陪審員11人全員に被告の無罪を納得させることに成功する。あらゆる証拠を徹底的かつ批判的に検討することで、陪審員たちは次々に考えを翻していった。結局、少年は無罪になった。

☑ エクササイズ――ソクラテス的な反応を訓練する

反対意見をもっている人、こちらの神経を逆なでするような議論をする人、非難されるべきだと思われるような視点をもっている人に出会ったときは、反射的に相手の考えを正そうとはしないように気をつけよう。

その代わりに、相手の立場になって考えてみよう。

あなたには新たな発見があるかもしれないし、相手も自分の考えを見直すかもしれない。お互いに少し賢くなれるかもしれない。

▼極端な意見にも判断を下さない

ソクラテス的な反応を鍛えたからといって、困難な状況でそれを簡単に保てるとは限らない。私の知り合いの高校教師が、ある男子生徒のことを話してくれた。その生徒のことを、仮にダニーと呼ぼう。

ある日のクラス討論で、ダニーは「この国から外国人を追い出すべきだ！」と主張した。教師としては、生徒がそうした意見を口にするのは、ショックなことに違いない。反射的に生徒の言葉を遮り、その場で意見を変えさせようとしたくなるかもしれない。怒りが込み上げてくるかもしれないし、生徒を退席させたり、懲戒処分を与えたりしたいという衝動に駆られるかもしれない。

つまり教師の頭の中では、「そんなことを考えるべきではない、ましてやみなの前で口にするものじゃない！」というメッセージが駆け巡っている。その気持ちは理解できる。

だが、こうした咄嗟の反応は役に立たない場合が多い。教師がこうした反応をすれば、ダニーは反対意見に耳を傾けようとするのではなく、さらに頑なに自分の主張をするだろう。

だからその代わりに、ソクラテスやエピクテトスのような哲学者を手本にしてみよう。彼らの教えにしたがえば、もっと建設的な議論ができるかもしれない。

ソクラテス的な反応をして、好奇心や不思議の感覚を引き出し、ダニーに本質的な質問をしてみよう。

相手の考えが自分の考えと大きくかけ離れている場合、発見すべき相違点や補うべき前提がたくさんある。

相手の意見にまったく同意できなくても構わない。この会話の目的は、どちらかが相手に同意して終わることではない。**目的は、判断を下すことなく、相手の立場に身を置こうと努めることだ。**

判断を下さないというのは重要なポイントだ。なぜなら、この点に気をつけていないと、批判や反感、嫌悪をほのめかすような質問を簡単にしてしまうからだ。

ダニーのケースでは、次のような質問をすることが考えられる。

「外国人とは、具体的にどのような人のことを指している？　あらゆる外国人？　それとも一部の外国人？」

「ある外国人を国外に追い出す対象とする基準は？　これは外国人が何かをしたことに対する処置なのか？　それとも単に彼らや彼らの両親が他国で生まれたという事実だけで十分なのか？」

ダニーの回答を聞いてみたい。彼はどのようなロジックにしたがって自説を主張しているのだろう？　会話を通して、「私は、あなたの考えを理解したいと真剣に思っています」ということをダニーに感じてもらえれば、彼に自分の意見をより柔軟かつ深く考えてもらい、その論拠を述べるように誘いやすくなる。

ソクラテス的な反応は、意見の相違や議論に深みを与える。少なくとも、柔軟性をもたらす。それは、単に「そんなことを言ってはいけない！」と叱責することでは実現しないものである。

▼相手の苛立ちに耐える

ソクラテス的態度を培おうとすれば、相手の期待通りの反応をしないことが必要になる。つまり**会話をしているときに、楽しくおしゃべりする、アドバイスをする、親しみを込めて共感を示す、といった反応をしない**ということだ。

そうすると、相手が苛立つこともある。けれども、それは問題ない。何かを動かすためには、摩擦は避けられない。相手が苛立つのは、考えさせられるような質問をされたり、鋭い指摘をされたりしたからであることが多い。

ソクラテス的態度を保とうとすると、相手から苛立ちをぶつけられることがあるので、時にはそれに耐えなければならないこともあるし、そのための心の準備もしておかなければならない。

私はソクラテス的な態度を取ったことで、母親を激怒させたことがある。メキシコに旅行した際、無事に到着したことを電話で知らせなかった。母はそのことに腹を立てていた。

「子どもが外国に旅行に行ったら、現地に着いたら親に電話するのは当然よ！」と彼女は言い張った。

私は完全にソクラテスモードになっていた。共感を示すことなく、彼女の主張の根拠を知りたがった。自己弁護したかったわけではない。純粋に、「子どもが旅行先から親に電話するのは当然のこと」という考えが正しいのかを確かめたかったのだ。

だから、母親になぜ腹を立てているのか、どんな理由で子どもは旅行先から親に電話しなければならないと考えているのかを繰り返し尋ねた。

私の冷静な反応は、さらに母親を苛立たせた。

ついに彼女は激高して言った。「いい加減にして！　普通の会話ができないの？」

なんと、私はそこでもまた質問をした。

「〝普通の会話〟ってどういう意味？」

「だから……普通ってことよ！　普通は、もっと感情を込めて相手と話をするでしょう？」


私はこのやりとりで２つのことを学んだ。

1. 人は感情が表現されているときに、その会話を「普通」だと見なすようだ。しかし、本当にそうなのか、その感情が実際に会話に役立っているのかを問う価値はある。
2. 人は、共感を期待したり、必要としたりしているのにそれが得られないと、失望やフラストレーションを感じやすい。

そのため、**まずは共感や理解を示し、その後で質問をして、ソクラテス的な対話に移行するという方法を採ってもいい。**

最初から好奇心と不思議の感覚にしたがって質問に徹してもいいが、その場合は、プロセスの一部として相手の苛立ちをあるがままに受け入れなければならない。

ソクラテス式問答法の構造

ソクラテス式問答法では、心を通わせながら、お互いの思考の流れを探っていく。**対話の目標は、知恵を得ること。**それは相手を説得しようとしたり、自己弁護しようとしたりするための議論ではない。

「何が真実なのか」を、頭を真っ白にして考え、隠された前提を探し出し、知恵に向かおうとすることだ。自分の言葉や考えが、相手の言葉や考えによって吟味される。その結果、より自信をもって、ビジョンを共有できるようになる。

お互いの発言に疑問を問いかけ続けることで、ともに知恵に到達するソクラテス式問答法のような議論の方法は、大手の銀行や医療センター、医師や弁護士、友人グループ、さらには刑務所など、組織やレクリエーションの場で広く採用されるようになっている。これは、社会のさまざまな分野や状況に応用できるものなのである。

ソクラテス式問答法には、約2500年前にソクラテスが取っていたアプローチから拝借した、一定の構造がある。

この構造にはいくつかの重要な原則が含まれており、それは適切な質問をし、哲学的態度を身につけ、真の知識を共同で探求するために不可欠なものである。

これらの原則をよく理解し、準備を整えているほど、自分の直感に忠実になり、自分の質問を信頼しやすくなる。

▼ソクラテス式問答法は、一つの哲学的な問いから始まる

ソクラテス式問答法の実践では、参加者全体で一つの哲学的な問いについて考える。この問いとは、グーグル検索で簡単に答えが見つかるようなものではない。答えはウィキペディアにも、新聞のコラムにも、ライフスタイル雑誌のページにも載っていない。それは参加者が共同でじっくり考え、知恵を探し、他の質問をし、答えを導き、さらに質問を投げかけ、新たな概念を探っていく問いである。

対話を始めるきっかけとなる質問には、グループ全体で探求する抽象的な概念が含まれている。

「正義とは何か？」
「うそをついても許されるのはどんなときか？」
「他人を助けるのはどんなタイミングでやめるのが適切か？」

「医療従事者が患者の代わりに決断できるのはどんな場合か？」

「裁判官は自分の意見をもてるか？」

「盗みが正当化される場合はあるか？」

どれも興味深く、思考を刺激し、感情的な反応を引き起こす質問だ。

新しい視点を探り、つながりを見つけ、これまでにない発想を得るための扉を開く問いである。

▼抽象的な概念を現実に当てはめる

ソクラテス式の議論は、その中心にある哲学的な問いに加えて、参加者が述べる一つの事例に基づいて行われる。この実体験に焦点を当てながら、参加者はディスカッションをしていく。

「うそ」「正義」「協力」といった大きな概念は、現実の世界に当てはめて考えたときに、より大きな意味をもつようになる。

抽象的な概念を用いて話をするのは、それほど難しいことではない。

グループに「うそとは何ですか？」と尋ねると、メンバー全員が多かれ少なかれ同じ前提に立って議論を進められる。

「他人を助けるのをやめる適切なタイミングとは？」といった問いに、筋の通った説得力のある一般的な答えを出すことも可能だ。

しかし、**抽象的な概念を現実の状況に当てはめて議論をするときは、もう少し具体的な前提を立てなければならない。**

どんな立場でその状況をとらえるのかを、明確にしておく必要がある。

「このケースで、この回答をするのはうそになるのか？　その理由は？」

「この行動は助けになると言えるか？」

具体的な例を用いることで、議論の枠組みが生まれ、掘り下げたディスカッションができるようになる。

私が指導したあるソクラテス式の議論では、「友人にうそをつくべきか？」というテーマで議論をした。

まず、参加者全員にイエスかノーかで最初の答えを書いてもらい、それを裏付ける説明をするよう求めた。意見は分かれた。

相手を守るため、あるいは大義のためならうそをついてもいいと考える人がいる一方で、本当の友人関係では常に真実を話すものだと考える人もいた。

参加者のエスターという名の女性が、次のような事例を述べた。


私には、恋愛運に恵まれない親友がいます。

理由もなく彼氏に振られたり、浮気されていたり、ひどい扱いを受けたりする。そういう人っていますよね。数週間前に会ったとき、彼女は恋に落ちていました。とても思いやりがあって、魅力的で、面白い男性と出会い、数週間前から付き合い始めたそうです。

彼女は完全に彼に夢中でした。こんなに幸せそうな彼女を見るのは久しぶりでした。

「実は彼、あなたの友達の友達らしいの」と彼女が携帯電話で写真をスクロールしながら言いました。

その写真を見たとき、私は思わず息を呑みました。見覚えのある顔でした。名前も評判も知っています。いつも複数の女の子と付き合っていて、警察とトラブルになったうわさもある男性でした。

「ねえ」親友が聞いてきました。「彼のこと、どう思う?」

私には本当のことを言う勇気がありませんでした。

結局、「ええ、彼のことは知ってるけど、よくは知らないの。いい人そうね。幸せそうでよかったじゃない」としか言えませんでした。

ここから議論は白熱してくる。

「これはうそなのか?」

「この状況でうそをついてもいいのか?」

「これは本物の友情と呼べるのか?」

グループはこの具体的なケースに基づき、関連する概念としてうそや真実、友情、条件性、忠誠心、保護、関係などについて話し合った。

▼さらなる探求と質問を生み出す

一つのケースを深く掘り下げることで、参加者はお互いの視点の違いを明確に検討できるようになった。それぞれの思考プロセスを共有し、他人の視点について熟考し、次々と質問を投げかけ、状況の細部を探っていった。

すべては、ともに知恵を見つけ出すためだ。

ディスカッションの最後、全員に「友人にうそをつくべきか？」という質問に対する最初のイエスまたはノーの答えをもう一度見てもらった。

参加者の意見は当初と変わっていないだろうか？ それとも？ **最初に書き留めた答えに固執する人はいなかった。**議論を通して、概念が新しい意味をもち、ニュアンスやつながりが明確になり、問題の核心がどこにあるのか、少なくとも参加者にはよくわかるようになっていた。

ソクラテス式議論の結果としてもたらされるものは、「ええと、しばらくみんなでアイデアを出し合って、最終的にそれが何かがよくわかるようになったよね」といったレベルのものをはるかに超えている。それは、**さらなる探求と質問の機会を生み出すもの**だ。疑問を投げかける価値のある新しい概念や、熟考すべき新しい関連性がいくつも見つかり、哲学的な態度やスキルが自然に身につき始める。

▼「定義づけの罠」に陥らない

ソクラテス式問答法のセッションを開始しようとすると、参加者から「まずは、ビジョンや正義、勇気、友情、慈悲、助けといった概念が何かを定義することから始めるべきではないですか？」と尋ねられることがある。

もちろん、それは理解できる。一般的に、しっかりとした定義に基づいて議論をすれば、何を対象にしているかが明確になるし、話の軸もブレにくくなる。

しかしソクラテス式問答法の場合、それはまったく役に立たないことも多い。**概念やレッテルは、対象物に当てはめることで初めて意味をもつ**からだ。

私は、教師や学校経営者を対象にした、あるソクラテス式問答法のセッションのことをよく覚えている。セッションのテーマは、「組織のビジョンが邪魔になるのはどんなときか?」だった。

議論の題材となる事例を挙げたのは、ララという名前の小学校教師だった。彼女は、美術教育についての非常に明確なビジョンを策定している学校で働いていた。このビジョンは、芸術的なプロセスを重視し、生徒の自主性や主体性を大切にしていた。教師の役割は、子どもたちの制作プロセスを優しく見守ることに限られており、細かな指導をすることはできる限り控えるべきとされていた。

ある新任教師が、6~7歳児のクラスの担当教師として採用された。彼女は採用面接で、同校のビジョンに強く共感しており、自分は柔軟な心をもつ、学ぶことに熱心な人間であると述べた。

しかし、実際にはその反対だった。オープンマインドであることを自称していたその教師は、自らのやり方に固執し、型にはめたような従来型の形式の授業を行っていたのだ。つまり、学校のビジョンをまったく無視しているように見えた。

このようなケースを目の当たりにしたララは、学校のビジョンは実際には助けになるよりも邪魔になることが多いのではないかと考えた。その新任教師にとっても、学校全体にとってもだ。

グループでのディスカッションをするための準備は整った。

「学校には本当に適切なビジョンがあったのだろうか？」

「そのビジョンは邪魔になっていたのか？」

「誰がビジョンの邪魔をしていたのか？　新任教師？　教師全体？　ララ？」

参加者たちがこれらの問題を探求し始めようとしていたとき、ある教師が議論を止めてこう言った。

「まずは、ビジョンの意味を定義すべきではないでしょうか？　もしかしたら、この言葉が何を意味しているのか、それぞれ違う考えをもっているのかもしれません」

その教師は間違っていなかった。確かに参加者は、「ビジョンとは何か」ということについてさまざまな考えをもっていたかもしれない。

けれども、**「定義づけの罠」に陥り、何がビジョンであり、何がビジョンではないのかという抽象的な理論と格闘していると、それだけで数時間が過ぎてしまう。**

あるいは、誰かが非の打ちどころがないような定義を述べ、全員が同意しても、議論を始めて5分もするとその定義を修正しなければならないケースもある。なぜなら、その定義が当該の事例の状況に合っていないからだ。

このためソクラテス式問答法では、最初に概念を定義しない。**概念の厳密な定義をしてから議論を始めようとするのではなく、対象となる事例に当てはめたときにその概念が何を意味するかを議論の中で見出していく**のだ。

他にも、ソクラテス式問答法における概念の定義に関する典型的なパターンがある。休憩後、スマートフォンを手にして誇らしげにセッション会場に戻ってくる参加者が、全員に向かって大声でこう言う。

「これで問題解決だ！　みんな、聞いてくれ。オックスフォード英語辞典で調べてみたぞ。これが正義や勇気、助け、誇りの定義だ」

このような場合、私はこう反応するようにしている。

「**あなたはどう思ったのですか？　辞書の定義は正しいと思いましたか？**　その定義は、この事例の状況に当てはまりますか？」

▼思考のプロセスを巻き戻す

私たちは一日中、自分の考えを口にしている。

「彼はあの状況でうそをつくべきではなかった」

「食べものを口にほおばって話すのは他人に失礼だ」

「オルガは一緒に仕事をするのが楽しい人だ」

ある問題について何らかの立場を取るとき、その根拠がはっきりしないことは珍しくない。それはいきなりオチで始まるので、何が面白いのかがわからないジョークみたいなものだ。

なぜ彼はうそをつくべきではなかったのか、なぜ食べものを口にほおばって話すのは失礼なのか、なぜオルガと一緒に仕事をするのが楽しいのかが、よくわからない。

ソクラテス的な議論をすることで、これらの発言の背後に何があるのかを突き止められる。

判断や価値観、主張、人間の本質に関する思い込みなど、場合によって自分の中にあるとは思いもよらなかったものを発見できる。

いわば、それは思考プロセスの巻き戻しだ。誰かの発言に対し、その背後に何があるのか探る質問をすることで、根拠となる論拠まで遡っていく。


「オルガは一緒に仕事をするのが楽しい人だ」

「オルガと一緒に仕事をすることの何がそんなに楽しいのですか？」

「例えば、彼女は時間に正確です」

「では、時間を守る人と一緒に仕事をするのは楽しいということですか？」

「ええ、私はそう思います。オルガは時間を守る人なので、一緒に仕事をするのは楽しいです」

確かに、「時間を守ること」は、ある人にとっては「一緒に働くのが楽しい人」の大きな条件になるだろう。

けれども、それを重視しない人もいる。オルガと一緒に仕事をするのが楽しい理由を「彼女がフレンドリーだから」「時々チーム全員のためにアップルパイを焼いてくれるから」「美味しいコーヒーを淹れてくれるから」だと思っている人もいるかもしれない。

「合意」に向けて努力する

ソクラテス的な態度を身につける上で重要なのは、「合意」を目指す姿勢をもつことだ。

「合意を得るために努力する」という表現には、軟弱な響きがあるかもしれない。だが、そうではない。それは単に譲歩したり、苦し紛れの妥協点を見出そうとしたりすることではない。お互いに歩み寄れないとあきらめて、適当なところで手を打とうとすることでもない。

合意に向けて努力するとは、真実を探し求め続けるということだ。細かなニュアンスの違いや、さまざまな概念やその解釈の限界点、相違点、類似点を探し続けるのだ。

▼結論ではなく「合意」を目指す

私たちの議論は、突然、議論から降りたり、多数決で決めようとしたり、「これが私にとっての真実だ」「あなたには自分の意見をもつ権利がある」といった決まり文句で終わりになることが多い。

「私にとっての真実」や「あなたの意見」といった発言は、良質で、深く、哲学的な会話にとって命取りになる。

「とにかく私はこう感じるから」というのは、客観的な真実を探ろうとする態度ではなく、他者との議論を通して探っていく態度でもない。

このような発言は、物事に対する一個人の感情を述べているだけだ。

感情や意見は個人的な問題だ。それらを抱くのは自由だし、自由に誰かに話してもいい。だが、哲学的な議論には向いていない。

合意を目指して議論をすることは、「この主張は本当か？」という疑問を抱くことでもある。それは、その主張が単なる主観的意見ではなく、現実世界に基づいている場合にのみ意味がある。

また、合意に向けて努力することと、実際に合意を得ることは同じではない。ソクラテス的な議論で何よりも重要なのは、合意を得ることではなく、どんな姿勢で議論に臨むかである。**合意を目指しているからこそ、会話は前進し、エンジンはかかり続け、これが一種の調査であることを確認でき、参加者は探求を続けたくなる。**

だが、合意に向かおうとするのではなく、無理矢理に結論を導こうとすると、議論はすぐに二極化したり、バラバラになったりしてしまう。

☑ エクササイズ——合意を探し続ける

誰かと会話をしながら、合意を探求するエクササイズをしてみよう。どちらもはっきりした答えをもっておらず、かつ探求する価値があると思っている質問から始めるといい。

例えば「友人にうそをついてもいい場合はあるか?」はどうだろう。次のような質問をしてみよう。「友人にうそをついたことはありますか?」「それは正しいことだと感じましたか?」「なぜ正しいと思えたのですか?」「どんな状況でも、そのうそをつくことは正しかったと思えますか?」

「自分のほうが正しい」と相手を説得しようとするのではなく、新しい視点を探そうとすること。まずは相手の話を聞こう、と決めておくと効果的だ。相手の意見に真摯に耳を傾け、自分の意見を簡潔に述べよう。相手と一緒に合意を探し続けよう。それぞれの意見はどこで重なっているか? どの点が違うのか? 相違点は埋められるか?

「必ずしも合意に達しなくてもいい」という考えを受け入れよう。何より重要なのは、合意に向かって努力をすることだ。

だが、いつの間にか相手を説得しようとしてしまっているかもしれないし、一緒に考えるのではなく自分の考えを相手に押しつけようとしているかもしれない。

それに気づいたら、自分の思考を点検してみよう。なぜ合意に向かおうとするのをやめてしまったのか？　今後、どうすれば同じことを避けられるのか？

このエクササイズに使える質問の例をいくつか紹介しよう。

・暴力が正当化されるのはどんなときか？
・困っている人は助けるべきか？
・質問が一線を越えてしまうのはどんなときか？
・人は常に正直でなければならないのか？
・盗みはどんなときも不道徳な行為か？
・他人の領域を尊重しないことは許されるか？

▼エレンコス――相手から感情的に反応される

質問のスキルを磨くにつれて、あなたは、**エレンコス（反論）**と**アポリア（行き詰まり）**に遭遇する。どちらも熱帯病の名称のように聞こえるかもしれないが、その中身はそれほど怖くはない。

ソクラテス式問答法のカギを握る要素は、「反論」を意味するエレンコスだ。これは、ギリシア語の**「恥をかかせる」**[9]または**「精査して見る」**という言葉に由来している。

質問的な態度を身につけ、物事に疑問をもち始めるようになると、自明のように見えることでも、相手の話の中で矛盾を感じるようになる。相手にとっては当たり前のように見えても、自分にとってはおかしなことに思えるのだ。

この本の第1章で見たように、人の信念はアイデンティティと結びついていることが多い。そのため、こうした信念に疑問を投げかけることは、ごく些細なものであっても、相手の癪《しゃく》に障ることがある。

「無知」の表面の下には羞恥心が潜んでいる。質問をされる側がそれを不快に感じる可能性は十分にある。

ただし、これは必ずしも悪いことではない。古い考えを捨てることで、新しく、実りのある、興味深い思考が花開くことは多いからだ。

ソクラテス的な態度を学び始めた頃、私も質問で相手を不快にさせ、感情的な反応をされたことが何度もあった。「そんなふうに物事を複雑に考えようとしないで！」「ばかばかしいことを聞かないでくれ！」「言葉遊びに付き合っている暇はないんだ！」。当時の私は、こうした言葉にショックを受けていたものだ。

けれども今は、相手のこうした反応を、会話が有意義になり始めている兆候だと受け止められるようになった。相手は痛いところを突かれたからこそ、こうした反応をする。それは、その人が「知らない」という不快な状態に近づいていることを表しているのだ。

内なるソクラテスを育めば知恵が得られる。だが、それには代償を伴う。次から次へと質問することを、相手に歓迎されるとは限らないからだ。

▼「会話を続けたい？　それとも終わらせたい？」

前述のように、会話で相手に質問をし続けていると、次のような反応をされることがある。

「話を必要以上にややこしくしないでくれ！」
「そんなことは言うまでもないじゃないか！」
「そういうものなんだ。わかるだろう？」

こうした反応が出始めたら、それはあなたの探求心が有意義で価値のある会話につながっていることの兆候になる。しかし、それは会話を慎重に、相手の同意を得て進めた場合に限られる。

相手が苛立ったり、フラストレーションを感じたりしているように見えたら、会話

をこのまま続けたいか、それとも終わりにしたいのかを尋ねよう。

「どんなところが、話を必要以上に複雑にしていると思いますか？」
「あなたが〝言うまでもない〟と考えた理由は何ですか？」
「なぜ〝そういうもの〟と思えるのですか？」

こうした哲学的な探求を行うことについて相手に事前の許可を得ている場合は、この同意に触れ、そのまま続けるかどうかを確認してもいい。相手が続けることに同意したら、ソクラテス的な態度を貫き、注意深く、焦点を絞った質問をし続けよう。

▼アポリア――「これ以上はわからない」に到達する

ソクラテス的な対話は、往々にして「アポリア」で終わる。

アポリアとは、いくら考えても疑問が残るような状態のことだ。疑問は解決せず、満足のいく答えは何も得られない。対話を通して共同で探求しても、決定的な答えにたどり着けるとは限らない。

ソクラテス式問答法の目的は、適当な答えを見つけて、それ以上考えるのを放棄することではない。ソクラテス式問答法が導く「答え」はすべて、問い続けるための招待状なのである。思考の流動性を保つためには、問い続けることが必要だ。

真実を探求し、「自分は知らない」と自覚することで、無限の自由が得られる。

好奇心をもち、当たり前のように見えることに対しても疑問を投げかけていると、「どんなことに対しても、決定的な答えを知っているとは言えない」という感覚になるときがある。徹底的な探求によって到達したこの「知らない」という感覚があることで、以前よりもはるかに強力な基盤の上で物事を考えられるようになる。その問題をあらゆる角度から調べ、疑問をもち、探求してきたからだ。

「これ以上はわからない」という、アポリアに伴う落胆した感覚は、「良い質問をすること」の出発点になる。

哲学的実践者ハルム・ファン・デル・ガーグはこう書いている。「何かを知らないということを自覚しているとき、私たちには２つの選択肢がある。何かを言うか、質問をするかだ[10]」

☑ エクササイズ――アポリアを探しにいく

あなたの信念について、誰かに質問をしてもらう。あなたの発言に対して、批判的な視点から質問を続けてもらうのだ。

狙い通りに対話が進めば、あなたは自分が知っていることの限界に到達し、「私は何もわかっていない」という状態になるだろう。

対話を始める前は、「私はこのことを理解している」と思っていたかもしれない。しかし、「なぜそうなのか？」と問われることで、その根拠が曖昧だったことが明らかになった。これがアポリアだ。

アポリアがどのようなものかを、じっくりと体験してみよう。違和感や不安を覚えるかもしれないが、これは大きなチャンスでもある。

この「わからない」という感覚で世界をとらえることを楽しめるだろうか？

あなたは無知に耐え、「知らないこと」を受け入れたいと決心しているのではないだろうか？

その瞬間が来たのだ。どんな質問が思い浮かぶだろうか？

▼ソクラテス的態度のまとめ

これまで、ソクラテス的な議論を構成する要素を学んできた。これで、本質的で鋭い質問をするための訓練をする準備は整った。

エレンコスとは何か、アポリアとはどんな感覚で、どう対処すべきものなのかを知ることは、大きな助けになる。こうした認識をもつことで、質問は楽しく、興味深く、やりがいのあるものになる。

第2章では、ソクラテス的態度とは何か、どうすればそれを身につけられるのかを見てきた。この態度を身につけるには、勇気と不思議の感覚、「知らないこと」を楽しむ姿勢が必要だ。

共感的中立性を実践して、ソクラテス的反応を訓練することも大切である。また、ソクラテス的な態度で会話をする際に遭遇するかもしれない事態にも備えておかなければならない。

エレンコス（反論）に伴う不安や苛立ちに、耐えなければならない。

また、相手がエレンコスやアポリアを経験している場合は、それに気づき、さらに質問を続けてもいいかどうかを確認することも大切だ。

ソクラテス的な対話は哲学的な問いと現実の事例から始まる。

参加者は、結論を導こうとするのではなく、合意に向けて対話を進めていく――これは、オープンかつ平等な真理の探求の背後にある、不可欠な原動力だ。

第３章

質問の条件

自分の哲学は説明してはいけない。
それは体現するものである。

エピクテトス（ストア派哲学者）[1]

質問の条件1
——すべては聞き上手になることから始まる

あなたが、好奇心旺盛なソクラテス的態度をマスターしたとしよう。真実を探求する質問をするために何が必要で、それをどう実践すべきかは理解した。不思議の感覚が大切であること、即座の判断や自動的な共感は避けるべきことも知っている。

では、現実の世界で、ソクラテス的な探求を誰かと一緒に実行できるような環境をつくるには、どうすればいいのだろうか？

質問の哲学を実践する前に、考慮しておかなければならないことは何だろうか？

良い質問を思いつくのに役立つスキルには、どんなものがあるだろうか？

これらの疑問に答えるために、第3章では5つの基本的な「質問の条件」について説明する。

▼良い質問は「良い聞き方」から生まれる

良い質問とは、相手についての質問だ。

重要なのは、相手の話や経験に注目することであり、会話の流れを自分の側に引き込もうとするような質問はよくない。けれども私たちは、こうした質問をしてしまいがちだ。それは、聞く力が足りないからだ。


良く聞くこと、すなわち自分の解釈や思い込み、意見を入れずに、純粋かつ素直に相手の話を聞くことを実践するのは、それほど簡単ではない。

これができるようになるためには、訓練が必要だ。自分の話を重ねずに聞けるようになると、相手の話に集中しやすくなる。

相手の話を頭の中でイメージできるようになり、深く本質的な質問が自然と出てくるようになる。

聞く力を磨くために、まず聞き手としての意図に注目してみよう。

▼話を聞くための3つの姿勢

私たちが誰かの話を聞くときには、大きく3つの「姿勢」がある。

1つ目の姿勢は、**「私」の視点**を重視するものだ。

「相手が話しているのと同じ状況に置かれたとしたら、自分ならどう振る舞い、考え、感じ、どう言うだろう?」と考える。

話し手の感情や思考、経験ではなく、自分の視点や意見、考えに意識を向けてしまう。そのため相手の考えを正したり、反射的に助けやアドバイスを与えたり、話に割って入ったりしてしまう。

出てくる質問も、示唆的、判断的、誘導的になる。

「彼のほうが正しくないか？」「旅行先は南部じゃなくて島にしたら？」。こうした質問は、あなたの意見や感想を示すものであり、相手を脇役のような存在と見なしている。

2つ目の姿勢は、**「あなた」の視点**を重視するものだ。

「つまり、どういうことだろう？」という姿勢で相手の話を聞くことである。

この姿勢があると、**「自分には知らないことがたくさんある」というソクラテス的な態度で、好奇心をもって相手の話を聞けるようになる。**

相手の経験は必ずしも自分と同じではないと十分に認識しているので話に集中できるし、「具体的には？」「どんなことを考えていた？」「どう感じた？」といった、相手の話を中心にした深く掘り下げた質問ができる。相手に寄りそう、気配りの利いた質問だ。

3つ目の姿勢は、**「私たち」の視点**を重視するものだ。

図2 話を聞くための3つの姿勢

1つ目の姿勢

意図＝**「私はこれについてどう思うか？」**

・話の主導権を握ろうとする
・相手を説得する、自分の意見を述べる、アドバイスをする
・示唆的・修辞的な質問、思い込み

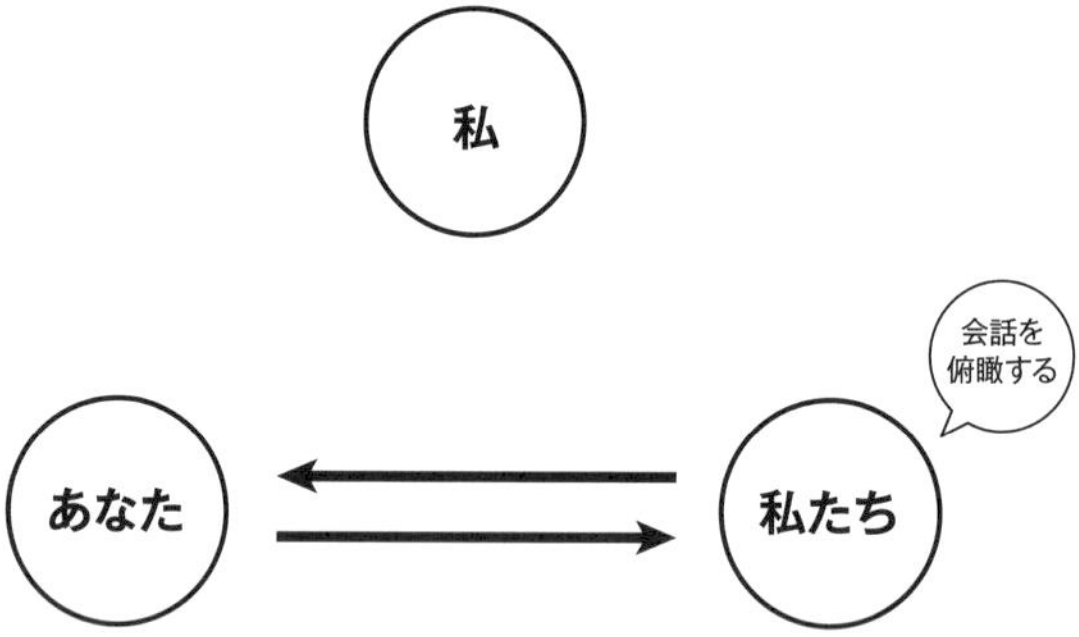

2つ目の姿勢

意図＝**「それは、あなたにとってどういうことだろう？」**

・相手の話にただ耳を傾け、個人的な解釈をしない
・オープンで、好奇心旺盛で、相手を理解するための質問

3つ目の姿勢

意図＝**「私たちはそれをどうとらえるべきか？」**

・自分と相手を客観的に観察する
・会話の最中に起きていることに意識を向ける
・相手は質問に誠実に答えているか？
・話が堂々巡りになっていないか？
・すべての文が「でも」で始まっていないか？

つまり、「私たちはそのことをどうとらえるべきか?」ということを念頭に置きながら話を聞く。

これは、**自分たちの会話を上から別の視点で俯瞰する**ようなものだとも言える。相手と自分を、少し離れた場所から観察するつもりで会話をする。

自分の気持ちや相手の様子を、客観的にとらえる。このような視点をもっていると、会話が堂々巡りになっていたり、すべての文が「でも」で始まっていたり、相手があなたの質問にしっかりと答えずに話を逸らしたりすることなどに気づきやすくなる。

言葉以外の仕草や表情などもよく観察できる。相手がずっとそわそわしているのが見えたり、自分の身体に力が入っているのを感じたりする。

話を聞く1つ目の姿勢=「私はこれについてどう思うか?」

親友から、次のように仕事の悩みを相談されたとしよう。

「会社にいても楽しくないんだ。通勤するのも気が重くてね。子どもを寝かしつける時間にも帰宅できない。辞めようかとも思うんだけど、どうしても勇気が出ない。給料はいいし、同僚もみんなまともな人たちだから。どうすればいいと思う？」

もしあなたが1つ目の姿勢（「私」の視点）でこの話を聞いていたら、こう答えるかもしれない。「辞めちゃダメだ！　給料も良くて、同僚もいい人たちで、会社まで車で30分で行ける。私が君の立場だったら、とてもラッキーだと思うはずだよ。私の通勤時間はもっと長いし、収入も少ないんだから！」

他にも、さまざまな答えが考えられる。

「辞めたいのなら、そうすればいいじゃない。その年齢の子どもと過ごせるのは今だけだよ。私は転職して家族との時間が増えたけど、そのことをすごくよかったと思ってる」

「私が君ならじっくり考えなおすね。良い職についているのに、辞めるのはもったいないよ」

「本当に辞めるの？　今のままでいいんじゃない？」

「君の言いたいことはわかるよ。世の中には、もっと早く帰宅できる、いい仕事はたくさんある。転職すれば、きっと子どもと過ごす時間を増やせるよ」

どれも一見すると相手のためを思った発言に聞こえるかもしれないが、**実際には自**

分の意見や不安を口にしているだけだ。親友の性格や価値観、希望を十分に考慮したものではない。

話を聞く2つ目の姿勢＝「それは、あなたにとってどういうことだろう？」

もしあなたが2つ目の姿勢（「あなた」の視点）で、相手の立場になったつもりで話を聞いていたら、次のような質問の形式を考えるはずだ。


「この状況はあなたにとってどのようなものか？」

「あなたは何を考えているのか？」

「あなたは何を感じているのか？」

「あなたのその考えや感情は状況によって変わるものか？」

「あなたのパートナーはこれについてどう思うか？」

そして、考えたことをそのまま尋ねるかもしれない。

「この状況はあなたにとってどのようなものか？」

「あなたは何を考えているのか？」

「あなたは何を感じているのか？」

これらの質問はごくシンプルであり、自分の思考と発言の内容が一貫している。つまり相手が経験したことを、自分の経験と比べたりせずに、集中して聞くということだ。相手の考えを正そうとしたり、適当に話を合わせたり、軽く見たりはしない。自分の経験談を話さず、意見を口にせず、余計なアドバイスをしないためには、自制心が必要だ。

私たちは、1つ目の姿勢、つまり「私」という視点から、「自分が相手の立場だったらどうやって問題を解決するだろう」と考えながら話を聞く習慣がある。

しかし、良い質問をするためには、この2つ目の姿勢、つまり「あなた」という視点から、相手の言いたいことを正確に理解しようとする訓練が重要だ。一度コツをつかめば、これがすっきりとした穏やかな気持ちでコミュニケーションできる方法だと気づくだろう。**自分の意見や考えを挟むことなく、相手の話にただ耳を傾けていると、心の平穏を保ちやすくなる。**

話を聞く3つ目の姿勢＝「私たちはそれをどうとらえるべきか？」

3つ目の姿勢（「私たち」という視点）で話を聞くときは、相手の様子や仕草、お互いのコミュニケーションから読み取れることに注目する。

相手が毎回、最初に「うん、でも……」から話を始めることなど、言葉が発するシグナルにも注目する。

あなたは、「君は今の職場の話をしているとき、表情がリラックスして幸せそうに見える。辞める話をすると、腕を組んで目を逸らしているよ」あるいは、「君の答えは〝うん、でも……〟から始まることが多い。これはどういう意味だと思う？」などと言うかもしれない。

この3つ目のアプローチについては、「質問の条件2」で詳しく説明する。

☑ エクササイズ――聞く姿勢を切り替える

次回、誰かの話を聞くときは、聞く姿勢を意識的に切り替えてみよう。まずは、1つ目の姿勢で、「私はこれについてどう思うか？」を意識してみよう。相手の話に対して、自分が何を考え、何を言うか、相手がそれに対してどう反応するかに意識を向けてみよう。

次に、2つ目の姿勢で、「つまり、どういうことだろう?」という点を意識して話を聞いてみよう。自分の判断や意見には関心を向けず、相手の話に没頭しよう。あなたの思考はどうなるだろうか? あなたは何を話すだろうか? それは2人の関係にどう影響するだろうか?

質問の条件2——言葉を大切にする

私たちの思考は、イメージや音、言葉、感情の渦でできている。しかし、自分の考えを誰かに伝えたい場合、主に使われるのは言葉だ。言葉は、私たちの思考やコミュニケーションの主な手段であり、故に質問のための手段でもある。

しかし、私たちは言葉をあまり深く考えずに用いることが多い。

「あの言葉とこの言葉、どちらかを選ぶことが、そんなに大きな違いになるのだろうか？　とにかく、こちらの言いたいことは伝わるはずだ」と考えていたりする。

言葉の選び方が悪いと、せっかく有意義な議論をしようとしているときに、混乱や曖昧さが生じてしまう。言葉を慎重に選び、適切に使えば、会話は明確になり、良い質問ができ、相手の発言に敏感になれる。

意味の似通った言葉を適当に選ぶのではなく、明確な意図をもって特定の言葉を使う人がいるのには理由がある。

言葉に敏感になることで、聴覚が鋭くなり、何が語られ、語られていないのか、何が隠されているのか、どの言葉や概念が避けられているのかを聞き分けられるようになる。

それは、良い質問をするための豊かな土壌になる。

▼ちょっとした言葉選びに本音がでる

私は以前、「日常生活における哲学」という講座の講師を務めた。参加者には、学びたいことを質問形式で書いてもらった。「どうすればもっと物事を系統立てて考えられるようになりますか？」「どうすれば深い会話ができるようになりますか？」といった答えが挙がった。

ある参加者が書いた質問に、「集中力はどこで見つけられますか？」というものがあった。

ちょっとしたニュアンスの違いや、単なる書き間違いのように思えるかもしれないが、集中力を見つけるのに、「どうすれば」ではなく、「どこで」と書いたところに、この人についての興味深い何かが示されているように感じられた。

それはこの人が、集中力を自分の内側にあるものではなく、外側で見つけるものだと考えているからなのかもしれない。

こうした言葉の無意識な選択から生じる微妙な違いは、細かく見てみると興味深い。

ちょっとした言葉の選び方一つに、自分の本音が表れることがある。

例えば、「でも」と「それで」という語を見てみよう。

「エミリーとこの件について話したの？」という質問は、「でも、エミリーとこの件について話したの？」と「それで、エミリーとこの件について話したの？」とでは、大きく異なるものになる。

否定的な表現でも同じだ。先の質問を、「エミリーとこの件についてまだ話してないの？」と言うと、とっくの昔にエミリーと話しておくべきだったというニュアンスが相手に伝わる。

否定的な構文を使ったり、「でも」や「それで」などの語を無意識的に使ったりすることで、私たちは気づかないうちに相手に手の内を明かしている。

相手がそれにどれくらい反応するかにかかわらず、結果としてその質問は見かけよりもはるかにオープンではなくなることが多い。

▼シャーロック・ホームズのように推理する

これはシャーロック・ホームズが推理力を発揮するのと似ている。

彼は調べ、観察し、推論し、結論を導き出す。上着に付着していた1本のブロンドの髪の毛、電話機のかすかなひっかき傷、コート掛けに忘れられたように見える帽子などを手がかりにして、行動や心理を推理し、その人物が無実なのかどうか、泥棒なのかどうか、冷酷な殺人鬼なのかどうかを突き止めていく。

ホームズが観察力や帰納的推理力を駆使して、わずかな手がかりをもとに難事件を解決していくのと同じように、私たちは相手の言葉を手がかりにできる。

相手が何を言い、何を言わなかったか、どんな言葉を使い、使わなかったかは、その人がどう思考を組み立てているかを知るためのヒントになる。


「でも、誰かの言葉には本当に、常に深い意味が隠されているものなのだろうか？ つまり、人はそのときに思いついた言葉を、そのまましゃべっているのではないだろうか？」と思った人もいるかもしれない。

それでも私は、「人は適当に言葉を選んではいない」という可能性を楽しむほうがはるかに面白いと主張したい。

こうした考えをもっていれば、探求し、思考し、学ぶチャンスが多く得られる。

「言葉は深い意味もなく適当にばらまかれたもの」と考えていると、人生は退屈になる。相手に注意を払うのをやめ、「なぜこの人はこの語を選んだのか」と考えるのをやめてしまう。その結果、相手の無意識の思考や信念、思い込みのパターンを探るための重要なルートが奪われてしまう。

▼言葉と表層的リスニング

この本では、自分の思考やソクラテス的な議論の深層を探ることの重要性について多く説明してきたが、ここでは聞く力を磨き、相手の言葉の使い方に注目するのに役立つ、**「表層的リスニング（surface listening）」**と呼ばれるテクニックを紹介しよう。

このテクニックの実践に欠かせないのは、3つ目の聞く姿勢（「私たち」の視点）を採用し、ソクラテスのように話の表層的な特徴に耳を傾けることだ。

これは、相手が発した言葉の意味よりも、言葉そのものに注目するということである。**内容よりも、それがどう語られたかに注目するのだ。**

まず、相手が質問をしているのか、主張をしているのか、説明をしているのか、自分の発言を弁護しているのか、議論をしているのかに意識を向けてみる。

そして次に、その相手が触れている概念に耳を傾け、そこに矛盾や論理の誤りがないかどうかに耳を傾ける。

ふだん、私たちは想像力をフルに働かせて人の話を聞き、相手の状況に自分を重ね合わせたりしている。話の足りない部分を無意識のうちに補ったり、相手の言葉を装飾したり、イメージに色をつけたりしている。

しかし表層的リスニングを練習し、中身よりも形式に注目できるようになると、**想像力を抑えて、相手と実際の話そのものに深く関われるようになる。**

この聞き方は、労力も少なくて済む。注意を完全に相手（正確には、相手の言葉）に向けるため、**「アクティブ・マインドフルネス」**と呼ばれることもある。

相手の考えを補完しようとしたり、話に割り込んで終わらせようとしたりはしない。想像力を働かせて修正したり、つけ足したりもしない。

言葉はときに、私たちの矛盾や、思い込み、誤った考えを明らかにする。

このテクニックは、相手に自身の思考を振り返ってもらいたいときに特に役に立つ。理解するために聞くのではなく、理解しないために聞く。そうすることで、相手の言葉の背後にあるものを、一緒に探っていけるようになる。

☑ エクササイズ——表層的リスニング

誰かが話をしているのを、その言葉のみに集中しながら聞こう。相手に共感したり自分の身に置き換えたりせず、言葉そのものに耳を傾ける。

話に矛盾はあるだろうか？　話し手が繰り返しているつなぎ言葉（「でも」「～じゃない」「だから」）はないだろうか？

ポイントは、実際に話されている言葉以上に話を深く理解しようとせずに聞くことだ。相手の話し方から、どんなことを気づくだろうか？

☑ エクササイズ——賛成も反対もしない

次に誰かと会話をするとき、自分の考えにまったく関心を向けないと決めて相手の話に集中してみよう。どんな言葉が使われているか、話に矛盾点はないか、筋が通っているか、疑わしい推論はないかに注意する。

話し方にひっかかる点はないか、何かを隠そうとしていないか、根拠が薄いように感じたり、でたらめな臭いがしたりする主張はないか。内容に気を取られないようにし、自分がそれに同意するかどうかは気にしない。

このように会話と距離を置き、自分の意見を脇に置いておくと、相手の考えについて貴重な発見が得られる。会話を続けていると、自分の意見を述べたり、説明したりするようなタイミングが訪れるが、この聞き方をマスターすればするほど、自分の意見を主張する必要性を感じなくなるだろう。

▼ボディランゲージを解釈する

非言語コミュニケーションについてはどうだろうか？　私たちの身振りは、言葉と同じくらい重要だ。私は、質問の哲学は言葉に対する感受性を養うことと強く関係していると考えているが、それにはボディランゲージの解釈も含まれている。

言葉が真実を捻じ曲げたり、隠したり、甘くしたりするように意図されているとき、身振りのほうが雄弁に話し手の本音を物語っていることは多い。

だからこそ、私たちはそれを察知するために目や耳や心を訓練しておくべきなのだ。

ここで3つ目の聞く姿勢が重要になる。相手の身振りや表情が、言葉と一致しているかどうかをできる限り客観的にとらえやすくなるからだ。

ポーラという女性が、哲学的な対話をしたいと私のもとを訪れた。彼女は恋愛関係で問題を抱えていて、パートナーと同棲すべきかどうかで迷っていた。

まず、同棲するデメリットは何かと尋ねたところ、彼女はためらうことなく答えた。自分の自立を犠牲にしてパートナーに合わせることになるし、それは自分が望んでいることなのか、そもそも自分にできることなのかさえわからない、と。

話しているあいだ、彼女の表情はリラックスして、生き生きとしていた。自分の考えをできる限りはっきり表現しようという意図が感じられ、話し方にも抑揚があった。

次に、同棲するメリットは何かを尋ねると、彼女はしばらく黙っていた。表情を強張らせ、口を結び、深いため息を吐いた。

その無言の5秒間に、彼女の本心が表れていた。彼女はまだ自らの立場を明確にしていなかったが、パートナーとの生活についてどんなふうに考えているのか、第三者からは簡単に読み取れた。

私たちは、非言語的な情報について尋ねることがどれほど有益であるかを忘れてしまいがちだ。**ボディランゲージは、まだ言葉にされていないその人の気持ちを表していることがある。**それを指摘することで、相手は自分の感情に気づき、それを言葉にしやすくなる。

私はポーラに、彼女の沈黙やため息、苦しそうな表情の裏に何があるのかを尋ねた。「自分がどんな仕草や表情をしているかは、自覚していませんでした」それが彼女の最初の反応だった。

「ため息をついたとき、何を考えていましたか？」私は尋ねた。

「特に何も考えてはいませんでした。でも、少しストレスを感じていました。夜、ソファに1人で静かに座っていると、エリックが帰ってきて、その日の仕事の愚痴を聞かされる。その光景を想像するだけで疲れてしまいました」

「同棲することに何かメリットはあると思いますか？」私は尋ねた。

再び一瞬の沈黙があった。ポーラは唇を噛んだ。私は彼女に、その表情と仕草が何を伝えているのかを気づかせた。彼女は笑った。「また唇を噛んでいたわ！　そして、あなたがこれから、唇を噛んだことが何を意味するのかを私に尋ねるだろうって思いました。私は自分が同棲についてどう考えているのかが、よくわかりました。つまり、一緒に住みたいと思っていても、そのメリットが思いつかないということです。今はまだ、その一歩を踏み出す準備ができていないのかもしれません」

ため息や沈黙、落ち着かなさそうに椅子の上で姿勢を変える、唇を噛む、目を閉じる、表情を強張らせる——。

質問に対する相手のこうした仕草や表情は、どれも一種の答えを示している。話し言葉と同じように重要であり、時には言葉よりも簡単かつ明確に読み取れる。

質問が心に響いたとき、言葉よりも身体が迅速かつ正直に反応することがある。これらはきわめて有用な情報であり、言葉と同じように、質問の哲学において重要視されるべきものなのである。

☑ エクササイズ——ボディランゲージを観察する

相手がボディランゲージを通じて語ろうとしていることを観察し、それを心の中で言葉にしてみよう。相手から、どんな印象を受けるか？　手は何をしているか？　表情は何を物語っているか？　呼吸はどうか？　ため息やつぶやき声は聞こえるか？　ゆったりとした呼吸をしているか？　しゃべる前にためらいが感じられるか、そのとき態度に変化はあるか？

もしあなたが外国人で、相手が話す言葉を理解できなかったとしたら、相手のボディランゲージからどんなことを読み取れるかを考えてみよう。

質問の条件3——許可を求める

数年前、私が良い質問をする方法を学ぶために講座やワークショップを受講し始めたとき、ある講師にこう言われた。

「講座でしているような質問を、家では試さないでください。ここでは全員が、自分たちがしていることの意味を理解しています。つまり、誰かに次々と質問をすることの意図を知っているのです。しかし**世の中には、質問の集中砲火を浴びることが大嫌いな人が大勢います。**そのことを忘れないように」

もちろん、その講師は正しかった。けれども頑固で世間知らずだった私は、その忠告を無視した。

私は質問し、知恵を得て、他人と一緒に魅力的なテーマについて考え、探求することに夢中になっていた。

そして、恋をしたばかりのときのように、誰かにそのことを話したくてたまらなかった。「私はすばらしい発見をした！　これは世界をより良い場所にするのに役立つことだ！」。そして、誰もがそれに賛同してくれると確信していた。

▼「質問してもいいか」を事前に確認する

私はスニーカーを履いて表に出ると、現代に生まれ変わったソクラテスのような気分で、会う人会う人に矢継ぎ早に質問を投げかけた。

家族の団らんでも、自分の意見を述べずに相手の考えに疑問を投げかけ、ことごとく反論するような質問をして、みんなの神経を逆なでした。

友人たちは、恋人とのけんか話や職場の愚痴を私に打ち明けても、もはや共感も慰めもしてもらえず、冷酷な反対尋問に耐えなければならなかった。

販売担当者から、「街中の人たちが殺到するような値引き額でこっそりサービスしますよ」と売り文句を言われたら、発言の真偽を問う質問を浴びせた。


誰彼構わず質問攻めにしていたことで、当然ながら周りから鬱陶《うっとう》しがられるようになった。辛かったが、それによって私は学んだ。

自分が思い描いていた、より良い世界は、この方法では実現できそうにない。

私は少しトーンダウンすることにした。憑《つ》かれたように質問をするのはやめて、頭を冷やしたほうがいい。そうしなければ、友達が飼い猫のオルレだけになってしまう。


ソクラテスはよく、対話をする前に相手に問題を探求する意思があるかを明確に尋ねた。**「質問してもいいかどうか」を事前に確認したのだ。**

それには正当な理由があった。鋭い質問をする前に同意を得ておけば、対話は双方の責任のもとでなされることになり、どちらも真実の探求に真剣に向き合える。

この意思確認をせずに突き進むと、ソクラテス式の突っ込んだ質問は、相手にとって警察の尋問のように感じられてしまう。

「このテーマについて質問してもいいですか?」
「この問題を一緒に考えてみませんか?」
「このアイデアをあらゆる角度から見てみたいと思いませんか?」

このように話を切り出すことで、相手がこれから起こること(調査、突っ込んだ質問)についての心構えができる。それが雑談のような気楽な会話にはならないことを予測でき、参加するかどうかを自分で決められる。

会話に参加するかどうかを自分で決められるという点は、特に重要だ。突っ込んだ質問をするというあなたの提案に対して、相手が「ノー」と言う機会をもらっていると感じることが大切なのだ。

あなたがいくら望んでいても、相手にとってメリットになると確信していても、相手が積極的に関わってくれなければ議論は無意味になり、抵抗に遭うだけだ。

最初に明確な約束をしておくと、会話の途中でそれを思い出せるという利点もある。

会話の流れが厄介になり始めたり、危険な領域に足を踏み入れ始めたりしたと感じたら、双方に当初の合意がまだあるかどうかを確認できる。

相手はいつでも会話を中断できるし、こちらも相手がまだ会話を続けたいかどうかを尋ねられる。相手が、これ以上の会話を望まないときもある。

人生とはそういうものだ。

▼哲学的な探求に招待する

哲学者のハンス・ボルテンは、「チーム内省のツールとしてのソクラテス式問答法」という論文の中で、ソクラテスがどのように会話の相手に約束を求めたかの良い例を挙げている。

それは、ソクラテスがソフィストであるプロタゴラスと徳の問題を議論した場面だ。ソフィストとは当時のギリシアで、政治家志望の裕福な家庭の若者を指導して報酬を得ながら、町から町へと渡り歩いていた、いわば家庭教師のような職業の人たちのことである。

ソクラテスには、プロタゴラスの教えに興味をもち、そのためには喜んでお金を払おうとする友人がいた。ソクラテスはプロタゴラスの指導を受けることで何が得られるのかに興味をもっていた。

ボルテンは、「当然ながら、プロタゴラスは自分の指導がもたらすメリットを説明できた。彼は若者に〝公私ともに分別をわきまえ〟、(中略)〝家庭を最良の方法で治められ〟(中略)〝国に関する言動でも最も力をもてるようになる〟方法を教えられると答えた[2]」と書いている。

ボルテンはその後、プロタゴラスが「正義と知恵によってのみ進む政治的な徳」についての話をした様子を説明している[3]。

ソクラテスは「そのことに間違いがなければ、あなたは確かに高貴な技をもっている」と言い、プロタゴラスに本当にそのような能力があるかどうかを問い始める。

まず、「最も優秀で賢明な市民でさえ、子どもたちに徳を教えられていない」と指摘する。そして、にもかかわらず、プロタゴラスがそれは可能だと言うのなら、それが間違っているかもしれない可能性について考えたい、と述べる。つまりソクラテスは、プロタゴラスにこの問題をともに考えようと誘ったのだ。

ソクラテス「私は（中略）このような例があることから、徳は教えられないと考えている。しかしあなたの言葉に耳を傾け、考えが揺らいでいる。また、偉大な経験や学び、発明をもつあなたが言うことには、何か価値があるはずだとも信じている。だからもし可能なら、徳は教えられるということをもう少し詳しく説明していただきたい。お願いできるだろうか？」

プロタゴラス「ソクラテス、喜んでそうするとも[4]」

「これは、ソクラテスの哲学的アプローチの2つの特徴を直接的に表している」とボルテンは述べている。

1つ目は、「徳は教えられるのか？」と尋ね、明確な質問を提示していること。

2つ目は、**プロタゴラスに対してこの探求に加わることを公に招待し、プロタゴラスがそれを受け入れている**こと。

「故に、プロタゴラスは自分の意思に反してこの探求に引きずり込まれたわけではない」とボルテンは書いている。

この招待は些細なことのように見えるかもしれないが、そうではない。

ソクラテスが、ともにこの問題を前向きに探求する意思があることをプロタゴラスに事前に「確認」するのは、ごく当たり前のことに見えるかもしれない。

しかしこの招待には、計り知れないほど大きな意味がある。

その後の会話を通して、ソクラテスはプロタゴラスに共同作業を続ける意思があるかどうかを繰り返し尋ねている。

そして何度も、この探求をともに行うことは、必要なわけでも自明なわけでもなく、両者はいつでも平等に会話を終わらせられると確認している。

つまり、どちらかが途中で降りない限り、ソクラテス1人が望んでいるからではなく、双方が望んでいるから対話をしていることになるのだ。[5]

☑ エクササイズ——哲学的な探求をする許可を求める

誰かが面白い話をしているのを聞いているとき、深く掘り下げたいと思うことがあったら「そのことをもっと詳しく考えてみませんか？」とか「一緒に哲学的に考えてみたい。どう？」などと尋ねてみよう。

もちろん、尋ね方は自分にとって自然に感じる言い回しで構わない。

その場でいきなり対話を始めなくてもいい。

相手には時間がない場合もあるので、日時を改めてもいいだろう。

大事なのは、深い会話のために誰かを誘うという行為に慣れることだ。

質問の条件4――ゆっくり対話する

本当に良い質問をし、答えを探るには、ペースを落とさなければならない。

真の対話には時間と注意と規律が必要だ。

良い対話とは、一歩ずつ前進し、途中で議論に耳を傾け、明示的、暗示的に何が語られているかに注意するものである。それを通常の会話のスピードで行うのは至難の業だ。真の対話には、複雑なパズルを解いたり、書道をしたり、毛糸の手袋をして細い針に糸を通したりするのと同じような努力と集中力が必要だ。最初は慣れるのに時間がかかるはずだ。ゆっくり考え、話すためには、訓練をしなければならない。

▼時間をかけて、時間がかからないようにする

私は以前、本物のカウボーイの講演を聴いたことがある。登場したカウボーイは観衆の期待を裏切らなかった。タフガイらしい振る舞いをしていて、革のブーツにチェックのシャツ、ステットソンの帽子という出で立ちだった。

彼はトレーラーに馬を乗せることを得意としていた。車の後ろにつなげたトレーラーに渋る馬を乗せたいときは、彼に頼めばいい。トレーラーで馬を運ぶのは、ハンドバッグで鳥を運ぶようなものだという。

馬は広い平原を駆け抜けるようにできている動物なので、生まれつき閉所恐怖症だ。だから、車輪つきの狭い箱の中に馬を入れるのはかなり無理があることなのだ。

しかし、馬をトレーラーに乗せる訓練をしようと考える馬主は驚くほど少ないらし

い。そして、いざ馬を獣医や競技会に連れて行く段になって、時間ギリギリにトレーラーを用意し、馬がその中にすぐに駆け込んでくれることを期待する。

出発時間が刻一刻と迫り、神経はピリピリし、急いで準備をしなければならない。だが馬は後ろ足で立ち上がったり、馬主に綱で引かれても全力で踏ん張って抵抗したりする。頑として、トレーラーには乗りたがらない。

もし馬主が、時間に余裕のあるときに、「馬をトレーラーに入れる練習をしてみよう。失敗してもプレッシャーはない」と思っていたら、どれだけ楽だっただろう。馬は、大人しくトレーラーに入ってくれるはずだ。

そのカウボーイが講演で教えてくれたのは、**「時間をかけて、時間がかからないようにする」**という教訓だった。

良い会話も同じ。つまり、「急がばまわれ」だ。

良い対話をするために十分な時間をかけるほうが、長期的には多くを得られる。一見すると効率的な方法を採用すれば、結局は遠まわりすることになってしまう。

☑ エクササイズ――焦らずにゆっくりと

このエクササイズは、誰かに正式なパートナーになってもらうと便利だ。そうすることで、会話のスピードを落とすメリットをともに実感できる。

まず、相手に面白く刺激的な質問をしてみよう。相手が答えたら、次の質問をする。このプロセスを繰り返す。

ルールはただ一つ。質問と回答の前に、2人とも20秒間沈黙すること。もちろんその20秒間、早く自分の意見を言いたくてたまらないという気持ちで過ごしてもいい。だがそうではなく、相手の質問や答えについてじっくり考えるほうが有益だ。

20秒間、質問やテーマについてよく考え、自分の思考を観察しよう。20秒が経過したら、落ち着いて、次の質問をするか、答えを述べよう。

10分経過したら、役割を交代してもいい。エクササイズが終わったら、相手と振り返りをしてみよう。20秒間の間隔を空けたことで、どんなメリットが得られただろうか？

このエクササイズの始まりに使える質問の例を紹介しよう。

・もし明日、好きなだけお金を使えるとしたら、何をする？
・自分が何かを所有していることは、どうやって知れる？
・不満を言うべきではないこととは？
・真剣に受け止めるべきではないのは、どんな人？
・なぜ人は常に正しいことを求める？

私は以前、オランダの大手銀行で講演をしたことがある。参加者は全員ビジネスリーダーで、一日中何度も意思決定をし、多忙なスケジュールの中で多数の会議や重要な仕事をこなしていた。彼らは鋭敏な頭脳を、絶えず動かし続けていた。

私は参加者にソクラテス的な態度を身につける方法を説明し、その原則を体験させるために、**「20秒の間隔を置きながら面白く刺激的な質問とそれへの回答を繰り返す」**という前述のエクササイズをしてもらった。

壇上から見える光景はすばらしかった。参加者の表情が緩み始め、よく考えて答えを口にしているのがわかった。質問者と回答者のつながりが深まり、会場内に活気が満ちていくのが感じられた。

質問の条件5——フラストレーションを許容する

時間と注意と規律が必要な、相手の意見への疑問をぶつけ合うような会話には、双方がフラストレーションを感じるものだ。

自分の意見（ひいてはアイデンティティの一部）を疑われることで気分を害することもあるし、ふだんよりもゆっくりとしたペースでの会話に苛立ちを禁じえないこともある。共感を脇に置いた、共同での真理の探求に徹した対話に、不満を覚えることもある。

こうした不満や苛立ちは、ソクラテス式の対話につきものだ。それはスポーツジムに行くようなものだ。思考の筋肉が適応するには時間が必要だ。最初は苦しさや痛みしか感じず、鍛えられて強くなったと実感するにはしばらくかかる。

がんばってこの苦しみに耐えよう。**鋭い質問をされても、それはあなた個人が責められているのではない**。何より、苛立ちは良い兆候なのだ。有意義な努力がなされ、何かが変化し、思考が広がっていることを示しているからだ。

▼フラストレーションが対話の燃料になる

フラストレーションは、むしろ対話を進める燃料になる。相手の思考パターンを探るためのヒントを与えてくれるからだ。

「相手はなぜ苛立っているのか？」と考えることで多くの洞察が得られる。自分の主張が思っていたほど確固としたものではないことに気づいて苛立つ人もいれば、「どうしても意見を変えたくない」という自分の頑固さに対してイライラする人もいる。

フラストレーションは、その人が自分の考え方に行き詰まっていることのサインだ。あなたがすべきことは、どこで行き詰まっているかを相手に示し、思考の袋小路から抜け出す手助けすることだ。

相手がイライラしているのを感じたら、まずは落ち着いて、相手の苛立ちを個人的に受け止めないように気をつけよう。相手から責められても、それを個人的なものとしては受け止めない。

あなたには選択肢がある。ソクラテスの「それは具体的には何を意味するのか？」という態度に徹することもできるし、アプローチを変え、相手の不満を認めて、なぜそのような気持ちになっているのかを尋ねることもできる（「さっきため息をついていたね。それはどういう意味？」あるいは「イライラしているように見える。何が気になるの？」）。

第3章では、ソクラテス的な質問をするための基本的な条件を学んできた。

すべては、純粋かつシンプルに相手の話を聞くことから始まる。

言葉を真摯に受け止め、質問する許可を相手に求め、緊迫感が生じたら相手にこの許可のことを確認しよう。

ゆっくりと対話し、有意義かつ探求的なソクラテス的対話の結果として自分にも相手にも生じうるフラストレーションとうまく向き合う方法を身につけよう。

☑ エクササイズ――フラストレーションを許容する

これまでに学んできたことすべてを実践するための対話をしてみよう。すなわち、「深い議論をすることの許可を事前に求める」「相手の言葉に注意深く耳を傾ける」「必要に応じて相手の意見に異議を唱えるような質問をする」「選択したテーマを一緒に探求する」だ。

第4章

質問の技法

素朴な疑問よりも緊急の疑問はない。

ヴィスワヴァ・シンボルスカ（ポーランドの詩人）
「ザ・ターン・オブ・ザ・センチュリー」[1]

「上向きの質問」と「下向きの質問」を使いこなす

「質問すること」をテーマにした本なのに、ようやく実用的なスキルの説明が始まるのか、と思った人もいるかもしれない。

「なぜもっと早く教えてくれなかったの？　どんな状況でも失敗しない質問のテクニックを、さっさと書いてくれたらよかったのに」

その答えは簡単だ。ソクラテス式問答法には、そのようなものが存在しないからだ。

もちろん、**良い質問をするためのチェックリスト**はある。

だがそれはそのための基礎、つまり**ソクラテス的な態度と基本的な条件がなければ、的外れなものになってしまう。**

初心者向けのソクラテス的な質問リストをもっていても、１つ目の聞く姿勢、すなわち「私」の視線を重視する「私はこれについてどう思うか？」という態度でいたら、共同で知恵を探すことはほとんどできない。

だからこそ、実践的な質問の技法は第４章まで登場しなかったのだ。

これらは、ソクラテス的な質問の態度というしっかりとした基礎と組み合わせた場合にのみ機能するテクニックだ。

▼「上向きの質問」と「下向きの質問」とは？

哲学者ハンス・ボルテンは、対話を扱いやすくするため、便利な構造を編み出した。ソクラテスの質問を**「上向きの質問」**と**「下向きの質問」**に区別したのだ。

上向きの質問は抽象的な傾向があり、下向きの質問は具体的な状況に根差した質問である。

まず、観察可能な事実がある。それは、目の前で繰り広げられる現実だ。何かが起こり、私たちはその出来事を、五感を通じて検知する。これが**「下向き」**のゾーン、すなわち**日常生活**や、**具体的な事実**だ。ここまでは問題ない。

しかし、私たちが現実についての自分の考えを話し始めると、物事は複雑になる。私たちは発言し、主張をするのだ。

例えば、アニャは「テアは親友だ」と言うかもしれない。あるいは「ジェレミーは良い仕事人だ」と言うかもしれない。

こうした主張の背後には、アニャの信念や前提、価値観、人間観がある。これらは、**「上向き」**ゾーンに属している。

すなわち、私たちが現実の何かに貼りつける**抽象的な概念**や**レッテル**である。「親友」や「良い仕事人」などは、これらの抽象的な概念の例だ。正直、正義、友情、連帯感、人種差別、開放性、勇気、協力なども同様だ。

この「上向き／下向き」の見方では、具体的な現実を「下」に、抽象的な概念（規範、価値観、信念、人間性、世界観など）を「上」に置く（図3を参照）。

図3「上向きの質問」と「下向きの質問」

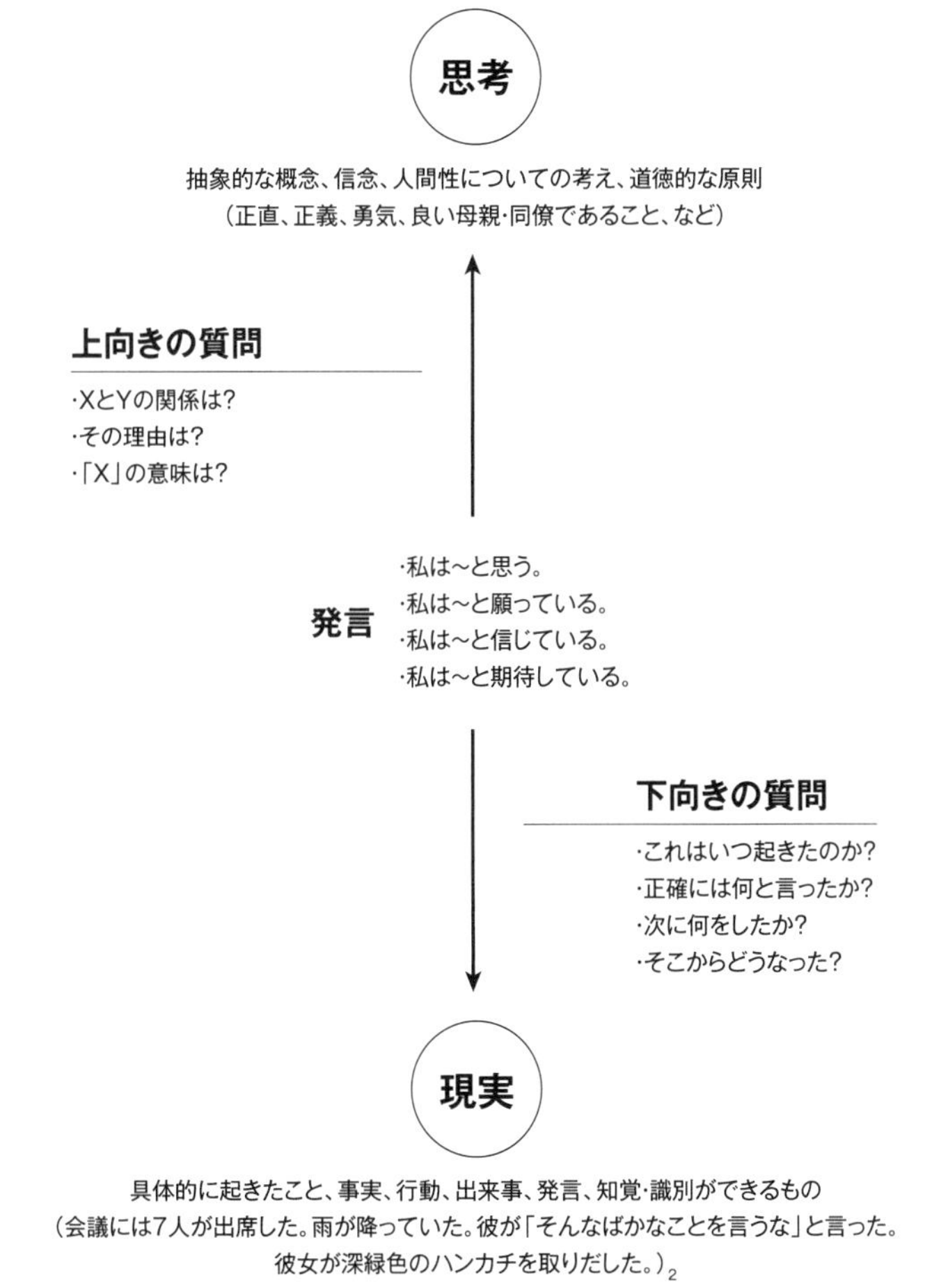
思考
抽象的な概念、信念、人間性についての考え、道徳的な原則
（正直、正義、勇気、良い母親・同僚であること、など）
上向きの質問
・XとYの関係は?
・その理由は?
・「X」の意味は?
発言
・私は～と思う。
・私は～と願っている。
・私は～と信じている。
・私は～と期待している。
下向きの質問
・これはいつ起きたのか?
・正確には何と言ったか?
・次に何をしたか?
・そこからどうなった?
現実
具体的に起きたこと、事実、行動、出来事、発言、知覚・識別ができるもの
（会議には7人が出席した。雨が降っていた。彼が「そんなばかなことを言うな」と言った。
彼女が深緑色のハンカチを取りだした。）[2]

この上向き／下向きの区別を頭に入れておけば、常にこの2つの方向を意識して質問ができる。**同じ会話の中で、事実についても尋ねられるし、関連する価値観や人生観についても尋ねられる。**

下向きの質問は事実に基づくものであり、その意図は状況の要点に関する情報を引き出すことだ。

「テアを親友だと思う具体的な理由は何か？」

こうした下向きの質問への答えは、最初の発言を裏づける具体的な証拠になる。答えは「テアは私の話を親身になって聞いてくれるし、子どもたちの学校のお迎えを手伝ってくれることがあるから、親友だ」といったものが考えられる。

次に上向きの質問をすることで、その発言の背後にある議論や前提に対処できる。「親身になって話を聞いてくれる人が親友なのか？」。この質問に、アニャは「そう思う。だって、それは彼女が『純粋に相手に興味をもっている人』だということを示しているから」と答えるかもしれない。その場合、アニャは友人関係ではお互いに興味を示すことが重要だと考えていることがわかる。

これは当たり前のように見えるかもしれないが、真の友情に何が必要かについては、人によって考えはさまざまである。だから、こうして尋ねなければ確認できない。

▼「良い母親」とは何か？

しばらく前、私は「日常生活における哲学」と題した講座で学生に次のような課題を与えた。まず、次のようなシナリオを提示した。

「島に住んでいる女の子が、本土に住んでいるボーイフレンドを訪ねようとする。しかし、嵐のせいで船が欠航になる。島で唯一の船頭は、もし彼女が自分と寝るのなら、彼女を本土に連れていってもいいと言う。少女は母親に相談する。母親は、自分で決めなさいと答えた」

そして学生たちに、「彼女は良い母親ですか？」と尋ねた。

学生のライアンとマルセルの2人が、それぞれの意見を述べた。

マルセルは彼女は良い母親ではないと言い、ライアンは彼女は良い母親だと言った。最初は2人とも、なぜそう感じたのかを説明できなかった。

私はまず、マルセルと次のような会話をした。

マルセル「彼女は良い母親だとは思いません。彼女のしたことは明らかに間違いです」

私「彼女は**具体的に何をしましたか？**（下向きの質問）」

マルセル「彼女は〝自分で決めなさい〟と言いました。娘を見捨てたのです」

私「母親が**何をしたから娘を見捨てたと言えるのですか？**（下向きの質問）」

マルセル「娘に何のアドバイスもしませんでした。〝自分で決めなさい〟と言っただけです。娘を船頭から守ろうとしませんでした！」

私「つまり、**良い母親の条件には、子どもを守ることが含まれるということですか？**（上向きの質問）」

マルセル「はい、そう思います。良い母親は娘を危険から守り、娘から求められたら適切なアドバイスをするはずです」

ライアンはこの会話に納得せず、シナリオに登場した母親は良い母親だと考えていた。私はライアンと次のような会話をした。

ライアン「マルセルの考えには賛成できません。彼女は良い母親のように思えます」

私「彼女が良い母親だと思うのは、**具体的にどんなところですか？**（下向きの質問）」

ライアン「彼女は娘にアドバイスをしませんでした。そこがポイントです。彼女は〝自分で決めなさい〟と言ったのです」

私「母親が娘にアドバイスをしないことの、**どんな点が良いと思うのですか？**（下向きの質問）」

ライアン「アドバイスをしなければ、子どもは自分で考えなくてはなりません。それは、子どもに責任をもたせることです。それがこの母親がしたことなのです」

私「あなたにとって、**良い母親である条件には、子どもに自分の行動に責任をもたせることが含まれるということですか？**（上向きの質問）」

ライアン「その通りです！」

この2つの会話は、相手の発言の真意を探る質問の大切さを示している。

質問に答える前、ライアンとマルセルは自身の考えの根拠をよくわかっていなかった。もし私が具体的な例を挙げず、「良い母親とは何か」といった抽象的な尋ね方をしていたら、彼らはおそらくもっと曖昧な答えで合意していただろう。

「良い母親」「責任」「自由」といった大きな概念は、具体的なものに当てはめたときに初めて意味をもつ。

しかし私たちは、日々体験する出来事や対象について自分の考えを抱いても、一般的な概念や大きな定義について深く考えることはほとんどない。

この会話の後、マルセルは言った。

「こうした会話をしなければ、お互いに相手が実際には何を語っているのか、何が重要だと思っているのかを知ることはできないとわかりました。あのままだと、不要な意見の違いを抱いたまま何年も過ごすことになりかねません」

「下向きの質問」の後に「上向きの質問」をする

ソクラテス的な対話をするには、事実の正確な把握から始めるのが望ましい。

実際に何があったのか？　誰が関与し、どう状況が展開したか？

まずは、具体的な事実を確認するための質問をしよう。

目的は、その出来事をクリアな映像として頭に浮かべることだ。足りない部分を想像力で補ったりせず、明確に把握する。

相手は抽象的なレベルで話を進めたがるかもしれないが、構わず具体的な質問をしよう。

何が起きたのかを正確に把握できるまで、事実に基づいた質問を続ける。心の中ではっきりと絵を描けたら、方向を変えて抽象的な上向きの質問をしてみよう。

▼論点がずれないように質問する方法

また、質問すべき方向がわからない場合は、上向きではなく下向きの質問をしたほうがいい。

これには理由がある。話をしている相手は、抽象的なレベルで考えたり話したりする傾向があるからだ。そこからさらに上向きの質問をして抽象的な方向に向かうと、話が漠然とし過ぎて、論点がずれてしまう。

話の焦点を保ちながら深い会話をするには、質問によって相手を現実の側に引き戻し続けるのが効果的だ。

このことを日常生活で訓練するのはそれほど難しくない。

例えば、ラジオやテレビのインタビューや、ポッドキャストのエピソードを題材にしてみるのもいい。会話中の質問に耳を傾け、方向性が上向きか下向きかを判断してみよう。

この質問は、事実や実際の出来事を把握することを目的としている（下向き）だろうか？ それとも、意見や価値観、前提、人間観などに焦点を当てている（上向き）だろうか？

他人の会話を分析的に聞くことで、質問の構造を理解し、自分の会話に応用しやすくなる。

☑ エクササイズ――「下から上へ」のテクニックを試してみる

誰かが発言したときに、細心の注意を払ってみよう。相手が自分の身に起こったことについて話したり、「物事のあり方」について話したりしたら、それについて質問してみよう。まずは下向きの質問、次に上向きの質問をしよう。

例えば、誰かが「夕方、PTAの会合に出ていたんだけど、パトリック、そう、マーサのお父さんが、学校の運動場の改修について延々と話をしていた。横柄な話し方だったな。しかも、校長先生がすぐそばに座っていたのに！」と言ったとする。

この場合、下向きの質問には次のようなものが考えられる。

・パトリックは正確に何と言ったか？
・運動場の改修とは具体的にどのようなものか？
・他に誰が会議に参加していたか？
・他の参加者は何と言っていたか？

次に、上向きの質問の例を考えてみよう。

・パトリックの話し方のどこが横柄だったのか？

・横柄な態度を取るのは間違ったことなのか?
・パトリックは横柄な態度を取ってはいけないのか?

▼「クリティカルポイント」に達する質問

ソクラテス式問答法では、**「クリティカルポイント(話のすべてに決定的な影響を及ぼすポイント)」**に到達するまで質問を続ける。

スーパーで列に並んでいて、誰かに割り込まれたとしよう。あなたは腹を立て、後でその出来事を誰かに話す。このような場合、最初から怒った状態で一部始終を話すことが多い。しかしよく振り返ると、怒りが発生したポイントがあるはずである。あなたは最初から怒っていたわけではない。その瞬間は、細かく特定できる。怒りが始まったのはそのときだ。これが、この話のクリティカルポイントになる。

あなたが怒りを感じたのは、列に割り込んだ人が何かを言った瞬間かもしれない。彼のカートがあなたのカートにぶつかった瞬間かもしれない。彼がこっそり列に滑り込んだ瞬間かもしれない。あなたが「この男は何を考えているんだ？」と思った瞬間かもしれない。

クリティカルポイントを探ることで、話の核心に迫れる。

クリティカルポイントに到達したら、相手の怒りや悲しみ、不満、認識、意見、視点の背後にある理由を尋ね続けることができる。

クリティカルポイントに達するために用いるのは、下向きの質問だ。何が起きたのか、誰がそこにいて、何を話したのか。詳細なイメージを描こう。

事実を明確に把握したら、次は上向きの質問を続ける。

この人は、事実や出来事についてどう思っているのか？

その結果、相手は次のような核心的な主張で答えることになる。

「それから私は（クリティカルポイントで）〜しました／考えました／感じました、なぜなら……」

ここから、さらに質問をして探っていける。

例えば、「その男が、〝商品を一つ買うだけだから、いいだろう〟と言って割り込んだとき、私は怒りを感じた。こちらの返事も待たずに列に割り込むのは無礼だと思ったからだ」と相手が答えたとする。

この核心的な主張のさまざまな側面について、さらに上向きの質問を続けられる。

「無礼とは何か？」「なぜその男はあなたの返事を待たなければならなかったのか？」「男には他に割り込むべき理由があったのか？」などだ。

まずクリティカルポイントに光を当て、核となる主張を相手から引き出した上で、次に具体的な出来事に注目した質問をする。

それによって、会話に鋭さと深みをもたせられる。

▼「怠け者」とはどのような人か？

ソクラテス式問答法の講座で、受講生のナディアが「私の娘はひどく怠け者なんです」という主張をした。受講生のアーノルドが、クリティカルポイントを突き止めるためにナディアに質問する役割を与えられた。

そのためには、ナディアから具体例を引き出し、できる限り明確なイメージを描く必要がある。

ナディアの話を**映画のシーンのように鮮明に頭に浮かべられるまで、質問によって掘り下げていかなければならない。**

ナディア「娘のハンナはとても怠け者です。昨日私が帰宅すると、テレビを大音量でつけっぱなしにしたままソファに寝そべり、スマホをいじっていました。宿題はたくさんあるし、来週には試験があるというのに」

アーノルド「あなたは何時に帰宅したのですか？」

ナディア「4時半くらいです」

アーノルド「テレビの前でゴロゴロしている娘さんを見たとき、あなたはどこにいましたか？」

ナディア「仕事を終え、スーパーの袋をもって4時半に帰宅しました。リビングのドアが開いていたので、キッチンに行く途中で覗いてみたら、そこに娘がいたのです」

アーノルド「話はしましたか？」

ナディア「ええ、私はソファに寝転んでいる娘を見て、〝何もしないでくつろいでるの？〟と言いました。彼女は思春期特有の〝ウン〟という気のない返事をしました。私は〝宿題があるんでしょう？〟と言いました」

アーノルド「そうしたら？」

ナディア「彼女はため息をつき、大きなお世話だというようなあきれた表情をしました。私は食料品をキッチンにもっていきました」

ソクラテス式問答法では、グループ全体が対話についていけるように、具体例の内容を書き出すことが多い。

これによって、具体例を話した人が、何かを飛ばしていないかどうかも確認できる。話したとおりに一字一句書き出してもいいが、基本的には要約で十分だ。

アーノルド「話を整理させてください。私の理解が正しければ、次のような出来事があったということですね。あなたが帰宅し、リビングのドアの前で立ち止まると、娘さんがソファでゴロゴロしているのが見えた。テレビを大音量でつけっぱなしにして、スマホをいじっている。あなたが〝何もしないでくつろいでるの？〟と言うと、彼女は〝ウン〟と答えた。あなたが〝宿題があるんでしょう？〟と尋ねると、彼女はため息をついてあきれたような表情をした。あなたは食料品をキッチンにもっていった」

アーノルドは、ナディアの言葉をできるだけ正確に再現しながら話を整理している。**言い換えたり、自分の言葉で要約したりせず、新しい考えや言葉、概念もつけ加えない**ようにして、ナディアの言葉をできるだけ忠実に繰り返している。これは大切なポイントだ。

アーノルドは、自分の要約にナディアが同意し、シナリオが明確になり、当該のシーンについて両者がほぼ同じ光景を浮かべていることを確認すると、クリティカルポイントを探るための質問を始めた。

アーノルド「娘さんを怠け者だと思った瞬間はいつですか？」

ナディア「すぐです。リビングを覗いた瞬間。あんなふうにゴロゴロしているのではないかとは半ば予想していましたが、案の定……」

アーノルド「もっと具体的に言うと、どの瞬間に、どんなことを思ったのですか?」

ナディア「リビングのドアの前で立ち止まり、スマートフォンとテレビをつけたままソファでくつろいでいる彼女を見たとき、こう思いました。〝ほら、やっぱりまたダラダラしてる!〟」

こうしてクリティカルポイントをつかんだことで、アーノルドは上向きの質問を始められる。

彼は今、ナディアの考えでは、「テレビをつけて、スマートフォンをいじりながらソファでくつろぐこと」が「怠けている」ことに等しいのを知っている。

だが、ナディアがなぜそう思うのかについてはまだ理由が明らかにされていない。

ここからは、ナディアの考えに**どのような判断や前提、人間観が織り込まれているのかをともに探っていく**ことになる。

アーノルド「スマートフォンを見ながらソファでくつろいだりテレビを見たりす

ることと、〝怠けている〟ことにはどんな関係がありますか?」
ナディア「ええと、それは何も有益な行動をしていないということです。何もせず、ただその場にいるだけ」
アーノルド「何も有益なことをしていない人は、自動的に怠け者になるのですか?」
ナディア「いいえ、そうとは限りません。もちろん、有益なことをしていなくても、怠け者ではないということはありえます」
アーノルド「ハンナを見たとき、彼女は何か有益なことをしていましたか?」
ナディア「いいえ。というか、よくはわかりません。たぶんしていないと思います。娘があのときスマホで何をしていたのかは尋ねなかったので」
アーノルド「では、彼女がそのときしていたことと、怠け者であることには何か関係がありますか?」
ナディア「もうよくわかりません。ただ、私にはそんなふうに見えただけです」

この会話では、アーノルドが**下向きの質問から始めて、上向きの質問に切り替えて、再び下向きの質問をしていく**様子がわかる。

ナディアが曖昧に答えても、アーノルドはさらに質問を続ける。ナディアは次第に、自分の確信が崩れ始めるのに気づく。

会話が終わる頃には、ナディアは自分の考えを貫く気力を失っている。

「怠け者であること」は、ハンナの行動よりもナディアの認識に基づいていた。ナディアは、「怠け者であること」と「有益な行動を取ること」は相反するという漠然とした感覚以外に、娘が怠け者であるという具体的な証拠を示せなかった。

☑ エクササイズ——クリティカルポイントから上に向かう

まず、相手に、最近あった、感情を強く刺激されるような経験について話してもらう。苛立ちや怒り、厳しい判断を伴うような経験だ。

あなたは、自分の頭にその状況の光景がはっきりとイメージできるようになるまで、さまざまな角度から質問する。

メモを取ったり、要約を書いたりしながら、「怒りに火がついたのはどの時点ですか？」「〝なんて嫌な奴だ！〟と思ったタイミングはいつですか？」といった質問を通して、クリティカルポイントを探っていく。

それから、「その人の行動は、嫌な奴であることとどんな関係がありますか？」といった上向きの質問をして、次のようなはっきりとした言葉を相手から引き出す。

「……（クリティカルポイント）で、私は……をしました／考えました／感じました。なぜなら……」

これ以降は、上向きの質問と下向きの質問を駆使し、相手の思考プロセスを探っていく。

無意識のうちに相手の思考を形成している判断や思い込みはないかを自由に探り、見つけ出していく。何より、対話を楽しむこと。

上向きと下向きの質問がもたらす構造は、あらゆる会話（特に、相手とともに何かの真相を究明したい場合）の強固な支えになる。

本書でこれまでに説明してきたすべてのことが、このプロセスに集約されている。

まずは、ソクラテス的な質問の態度が必要だ。

質問を始める前に相手の許可を得ることも重要だ。苛立ちを経験しても、それは新たな発見をするための余地も示していることを忘れないようにする。

失敗したり、曖昧な質問やくだらない質問をしたりすることをおそれない。

スケート靴を履き、氷の上に出よう。ソクラテス的な良い質問の技法を学ぶには、試し、失敗して倒れ、すぐに立ち上がることを繰り返さなければならないのだから。

良い質問のためのレシピ

ソクラテス的な態度を身につけ、良質で深い会話をするための条件のつくり方を理解し、上向きの質問と下向きの質問の扱い方を把握すれば、いよいよ準備は整ったということだろうか?

残念ながら、あと少しだ! 最後の仕上げは、会話の種類にかかわらず、あらゆる質問に当てはめられる実用的なヒントという形式を取る。

ここでは、**良い質問をするために役立つさまざまなヒントやテクニック**を紹介する。イエス／ノー形式のクローズド・クエスチョンや、〝なぜ〟から始まる威圧的な質問の扱い方、威圧感や不快感を与えずに質問を理解してもらう方法など、さまざまな質問のコツと、それらが有効な場面について見ていこう。

▼「オープン・クエスチョン」は良い質問なのか？

以前、金融業界の若手コンサルタント向けに面接テクニックのワークショップを行ったときのことだ。彼らは輪になって座り、期待して私を見ていた。

良い質問をするためには何が必要だと思いますかと尋ねると、ある参加者が、「オープン・クエスチョンをすべきです」と答えた（オープン・クエスチョンとは、尋ねられた側が自由に回答できる形式の質問で、イエス／ノー形式のクローズド・クエスチョンの反対にあるものだ）。参加者全員が同意してうなずいた。

「オープン・クエスチョンは良い質問だ」という考えは広く受け入れられている。あなたもそうかもしれない。

しかし正直、私にはその理由がわからない。この質問は、まったく役に立たないことが多いからだ。

オープン・クエスチョンは過大評価され、クローズド・クエスチョンは過小評価されている。

▼質問が「オープン」か「クローズド」かを見分ける方法

まず、質問がオープンかクローズドかを見分ける方法を考えてみよう。

講座やワークショップでこの質問をすると、たいてい「クローズド・クエスチョンには〝はい（イエス）〟か〝いいえ（ノー）〟でしか答えられませんが、オープン・クエスチョンでは自由に答えられます」という答えが返ってくる。

しかし、これは部分的にしか正しくない。確かにクローズド・クエスチョンはイエスかノーの答えを引き出すように意図されているが、それで会話が終わるわけではない。

クローズド・クエスチョンに答えた後に、喜んで自分の話を語り始める人は少なくない。

一方で、オープン・クエスチョンをされても、単純なイエスかノー程度でしか答えない人もいる。

「オープン・クエスチョンは自由に答えられ、クローズド・クエスチョンはイエスかノーでしか答えられない」といった定義に縛られていると、質問の構造の違いを見落としてしまう。

質問の構造に基づいた定義をするほうが、ずっと整理しやすい。

オープン・クエスチョンは、質問から最も連想しやすい語から始まる。

例えば、「誰（who）」「何を（what）」「どこで（where）」「どれを（which）」「いつ（when）」「どのように（how）」「何のために（what for）」などだ。

これに対し、クローズド・クエスチョンは動詞やその活用形で始まる。

しかし、この定義もすべてをカバーしているわけではない。

例えば、「イギリスの女王は誰か？（Who is the Queen of England?）」という質問は、オープンとクローズドのどちらだろうか？

答えは一つしかないように思えるが、先ほどの定義では、これは「Who」で始まっているのでオープン・クエスチョンになる。

そして、実際には答えは一つではない。例えば、「イギリスの女王は自分の母親だ」と冗談交じりに答える子どもは多い。

一方、「エリザベス2世はイギリスの女王か？（Is Elizabeth II the Queen of England?）」はクローズド・クエスチョンになる。

こちらには、正解は一つしかない[3]〔編注：原著刊行時の2020年、イギリスの女王はエリザベス2世〕。

▼クローズド・クエスチョンを効果的に使う

質問の目的によっては、クローズド・クエスチョンが効果を発揮する。

何かを確認したい場合にはこの質問が適しているし、相手の話が脱線しやすいときも、具体的で核心を突いた答えを引き出しやすい。

相手が感情的になり、話が混乱しているときも、状況を整理しやすい。

さらに重要なのは、クローズド・クエスチョンが相手に深く考えさせることができる点だ。

「人は常に正直でなければならない？」

「経験から得た知識によって専門家になれる？」

「友人にうそをついてもいい？」

「人を助けることは常に正しい？」

このような重要な問題を集中して考えるとき、クローズド・クエスチョンは、オープン・クエスチョンよりも、会話を始めるのに適した質問になることが多い。

もちろん、クローズド・クエスチョンは誘導的にならないように気をつける必要がある。この点に注意して、積極的に使ってみよう。

「クローズド・クエスチョンは使うべきではない」という考えから選択肢を制限してしまうのは、実にもったいないことだ。

☑ エクササイズ——質問がオープンかクローズドかを見分ける

これからしばらく、他人の質問に注目してみよう。日常会話やニュースなどで耳にする質問が、オープンなのかクローズドなのかを判断してみる。

答えからではなく、質問の構造から判断すること。どちらの質問かがわかったら、受け手がどんな答えをするかに焦点を切り替えよう。

質問がオープンなのかクローズドなのかによって、受け手の反応はどんなふうに変わるだろうか?

▼「なぜ」は攻撃に使われている

質問についてのガイドでは、「なぜ」と尋ねないようにアドバイスしているケースが多い。

これはとても残念なことだ。「なぜ」は、新しい視点を得たり、相手の話への理解を深めたりしたいときに大きな効果を発揮する質問だからだ。

とはいえ、「なぜ」という質問の使い方には注意が必要だ。**人は、理由を尋ねられると、攻撃されていると感じやすい。**

自明な事柄について質問されるのに、慣れていないのだ。自分が何を考え、なぜそう思うのかを説明しなければならないのは、かなり不安なことである。だから「なぜ」と尋ねられて、口ごもる人は多い。

「なぜ」という質問は、説明責任を求められるものと解釈されがちだ。だから、理由もなく、自己弁護しなければならないと感じてしまう。

それは、「なぜ」という質問が乱用されているからでもあるのではないだろうか。

私たちはよく、相手の動機に純粋に興味をもつのではなく、すでに出ている自分の結論を質問という形でぶつけるために、「なぜ」と尋ねる。

気になっていることや苛立っていることを直接相手に言うのではなく、「なぜ」と

尋ねる形で伝えるのだ。

例えば、「やると言っていたのに掃除しないから、本当に腹が立つ」と思っているときに、「なぜ掃除しないの？」と言う。相手はすぐに、それが質問ではなく、質問の皮を被った批判であると察知する。

「なぜ」という質問には懲罰的な響きがある。

「なぜ遅くまで働いているのですか？」

「なぜまだ肉食を続けているのですか？」

この本の「良い質問」の定義には、それは当てはまらない。

これは批判の言葉であり、真摯な質問には程遠い。

一方で、**真の「なぜ」の質問は、新しい視点や考え方を得るために欠かせない。**

深い会話をしたいとき、ともに何かを考えたいとき、自分の発言の背景にあるものを知ってもらいたいときに、この質問をするのはすばらしい方法になる。

▼「なぜ」と「どのように」を使い分ける

また私たちは、「なぜ」の質問をすることにかなり消極的だ。主な理由は恐怖だ。相手の考えに異議を唱えているのではないか、議論を挑んでいるのではないかと思われるのをおそれているのだ。

だが「なぜ」と質問しなければ、新たな視点が得られないこともある。

良い会話をしていて、相手とのあいだに信頼関係があると感じられる場合、「なぜ」の質問が頭に浮かんだら、躊躇せずに尋ねてみよう。

とはいえ、相手が反射的に防御的になることを考慮して、「なぜ」を尋ねるときは次のように言い換えることも検討しよう。

「なぜまだ肉食を続けているのですか？」

↓「肉食を続ける理由は何ですか？」

「なぜ投票を義務化すべきだと思うのですか？」
↓「あなたが投票を義務化すべきだと思う理由は何ですか？」
「なぜそう思うのですか？」
↓「あなたがそう思った理由は何ですか？」

「なぜ」を尋ねるときには、この質問が、複数の原因や理由があるときにそれを一つに絞るような尋ね方になりかねないことにも注意すべきだ。

現実は複雑であり、物事の背後にはさまざまな原因や理由があるものだ。

しかし**「なぜ」と尋ねると、単純な答えを招くことになってしまう。**

例えば、「第二次世界大戦はなぜ起こったのか？」と尋ねられると、一つの理由を探したくなるが、それは現実には至難の業だ。

唯一の原因を探りたい場合は、右記の例のように、具体的に「……の理由は何ですか？」と尋ねてもいい。

しかし、**もっと複雑な回答を引き出したいのなら、質問を「どのように（how）」から始めると良いだろう。**

「なぜ肉食をやめることにしたのですか？（Why did you decide to stop eating meat?）」という尋ね方をすると、一つの理由が返ってきやすくなる。

しかし、その理由は複数の要因が組み合わさったものかもしれない。

その場合は、「どのようにして肉食をやめることになったのですか？（How did you arrive at the decision to stop eating meat?）」のほうが良い質問だと言えるだろう。

☑ エクササイズ――「なぜ」のバリエーションを試す

今度、「なぜ」の質問をするのをためらったときは、言い回しを変えてみよう。例えば、「なぜ……したのですか？」ではなく、「あなたが……することにした理由は何ですか？」と尋ねてみる。

相手の反応はどうだろうか？　追い詰められて防御的になっているだろうか？　自分の考えを深く探りながら話を続けてくれるだろうか？

質問に答えてもらいやすくなる魔法のフレーズ

少し前に、住宅協会の従業員を相手に、質問の哲学をテーマにしたワークショップを行った。

まず参加者に、このワークショップで何を得たいかを尋ねてみた。参加者が望んでいたのは、相手に話の本題に入るように促したり、相手の考えを引き出したり、顧客の要求にうまく対処したりするための質問をする方法だった。

レオノーラという名の参加者が言った。

「私には11歳、9歳、7歳の3人の子どもがいます。学校での様子を尋ねても、〝問題ないよ〟とか〝別に〟といった以上の返事をしてくれません。子どもたちにもっと話をしてもらうには、どんなふうに尋ねればいいのでしょうか?」

口数の少ないタイプの人に心を開いてもらうための、さまざまな場面で使える便利な方法がある。

それは、**「教えて(Tell me)……」というフレーズを使う**ことだ。

▼「教えて」がもたらす奇跡

私のパートナーは、愚痴をこぼす才能がある。たとえ30分でも睡眠不足だと、たちまち頭上に暗雲が立ち込め始める。彼はまた、頭に浮かんだことを何でも言葉にしないと気が済まない、豊かな表現力の持ち主でもある。だから、不機嫌の極みにあるときは、猛烈な「言葉の下痢」に襲われる。つまり、ありとあらゆることに大声で文句を言う。

私は自分の問題を他人に迷惑をかけずに解決するのを好む。だから、一緒に住んでいる人間に当たり散らすような彼の行動には、かなりイライラしてしまう。

そしてまず、彼の不機嫌さをたいした問題として扱わないようにするか（どうせ、今日寝たらスッキリするでしょう）、そのような赤ん坊じみた振る舞いをするのをやめるようにたしなめるかのどちらかの行動を取ろうとする。

ご想像の通り、どちらもうまくいかないことが多い。むしろ、彼の不満の炎をさらに煽ってしまう。睡眠不足に加えて、たまに文句を言うことも許してくれない口うるさいパートナー（私）のせいで、ますます不機嫌になってしまうのだ。

効果があるのは、「教えて」という魔法のフレーズだ。

今では、パートナーが不機嫌モードになっているとき（「どうしてこの靴箱みたいに狭い台所でものがなくなるんだ？　頭がおかしくなりそうだよ！」）は、「どうしたの？　教えて」と話しかけられるようになった。

それは、奇跡のような効果を起こしてくれる。彼の不機嫌はしばらく続くが、何か手伝えることはないかと尋ねると、いつの間にか嵐は過ぎ去っていく。

「教えて」という質問はバルブみたいなものだ。

それを開くと、**溜め込んだ感情や抑圧された気持ち、それらに伴う愚痴が一気に外にあふれ出て、次第に勢いが弱まっていく。**

この質問は、相手の心の内や考え方をうかがわせてくれる。

次に何をするかは、当然ながら相手との関係や、それをあなたがどうしたいかによる。何か深いことを探るのに役立ちそうだと感じ、もう少し掘り下げたいと思ったら、質問モードに入ってみよう。

「教えて」というフレーズを使った後、相手の答えを聞いて、特に問題がなさそうであれば、それまでしていたことに戻ればいい。

☑ エクササイズ――「教えて」を使ってみる

今度、周りで誰かが愚痴をこぼし始めたら、純粋な興味をもって「教えて」と尋ねてみよう。

アドバイスや質問、助けたいという気持ちを抑えて、「ねえ、教えて！　何があったの？」と切り出してみるのだ。

相手はこの招待にどう反応するだろうか？　相手とのやりとりにどう影響するだろうか？

質問の落とし穴とその回避策

私たちは知らず知らずのうちに、毎日無数の質問の落とし穴に落ちている。これらの落とし穴のほとんどはごく単純なものであり、自覚さえしていれば以降は簡単に避けられるものだ。

その一方で、無意識のうちに何度も落ちてしまっている落とし穴もある。落とし穴や質問のカテゴリーを知り、日常会話でそれらが出てきたときに見分ける方法を学べば、会話の質を高められるようになる。

▼質問はテニスのようなもの

良い質問は、テニスのようなものだ。

プレーヤーはネットの向こうをめがけて狙いすましたショットを打ち、相手がボールを打ち返すのを待つ。ショット直後にさらに3球続けてボールを打っても意味はない。目を閉じてでたらめな方向にボールを打つのも、打ったばかりのボールを追いかけて軌道を修正しようとするのも、こちらが期待していたようなショットを打たなかった相手に文句を言うのも意味がない。

しかし私たちは、日常生活の中で誰かに質問をするときに、驚くほど頻繁にまさにそのような無意味なことをしているのだ。

質問を組み立て、それを尋ね、相手の答えを注意深く待ったりはせず、続けざまに質問を浴びせ、質問の意味を説明して、質問をモノローグや意見に変えてしまう。

長々としゃべり続けることで、今したばかりの質問から遠ざかり、その質問の意味を曖昧にし、弱らせてしまう。

▼そのまま言えばいいのに、なぜ質問にするのか?

最初に確認すべきは、「相手に何かを尋ねたいのか、それとも自分が何かを言いたいのか」だ。

これまで説明してきたように、私たちがふだん口にしている質問の多くは実は質問ではない。それらは質問の皮を被ったメッセージであり、後ろに疑問符がついているだけの発言である。

言いたいことがあるならそのまま言おう。わざわざ質問の形式にすると、邪魔になり、面倒を生むだけだ。

あせらずにじっくりと考え、言いたいことがあるのなら、質問ではなくストレートに伝えよう。

話をして、意見を述べ、議論をしよう。本当の質問ではない質問はすべきではない。

私たちは、自分が何をしたいのかよくわからないまま質問をすることがある。おしゃべりを始めて、気がつくと質問をしている。はっきりとした意図などない。だから、まずはこう自問しよう。質問の目的は何か？　それはどんなカテゴリーに属する質問か？

質問でできることはいくつかある。事実を確認する、相手の真意を問う、深い会話をする、課題を設定する、などだ。

事実を確認したければ、「誰が」「何を」「どこで」「どのように」「いつ」などで始まる質問になるだろう。

相手から主張や理由を引き出したければ、「なぜ」「その理由は何ですか」「どうしてそうすることにしたのですか」といった質問になるはずだ。

相手の真意を問いたければ、相手が発言した内容を繰り返す質問ができる。

質問の目的が思いつかない場合は、そもそも口を開くべきなのか、開くとしたらそれは質問なのか、発言なのかを考えてみる価値がある。

そして、質問をするときには、次に説明する6つの「質問の落とし穴」に落ちてしまわないように注意しなければならない。

質問の落とし穴1——ルーザー・クエスチョン

ルーザー・クエスチョンは、質問する側が相手をルーザー（ダメな奴）だと思っているることを暗示する質問のことで、末尾に「……（ダメな奴）」という言葉をつけるのがぴったりだ。

これらは真摯な質問ではなく、質問の体を装った意見表明にすぎない。

つまり**質問する側はすでに自分の中に答えがあり、それをただ大袈裟に伝えたいがために質問の形式を取っている**のだ。

内心で相手をルーザーだと思っていることは、質問のイントネーションにもよく表れる。

「まだ報告書を送っていないの？（……ダメな奴）」
「ゴミを出しておいてって言わなかった？（……ダメな奴）」
「また遅刻か？（……ダメな奴）」
「そのメールにうっかり『全員に返信』してしまったの？（……ダメな奴）」

相手めがけて思い切りボールをスマッシュし、打ち返すチャンスをまったく与えない。とどめにラケットで相手の頭を殴る。そんな感じの質問だ。

質問の落とし穴2——でもクエスチョン

「でもクエスチョン」も、よくある質問の落とし穴だ。

「でも(but)」という小さな言葉は、質問の冒頭に簡単に忍び込んでくる。無害なつなぎ言葉のように見えるかもしれないが、**質問者の本音が出てしまう**ことがある。ごく些細な言葉なので本人は気づかないこともあるが、相手には明確なメッセージが送られている。

「でも、マヤはもっと違う対応をすべきだったと思わない?」

「でも、レポートのレイアウトを変える必要があると思わない?」

このように否定的な表現と組み合わせると、この効果はさらにはっきりと表れてしまう。

また、否定的な表現と組み合わせなくても、「でも」を使うことで質問のニュアンンスは変わる。

「先にプールに行ってもいい？」と「でも、先にプールに行ってもいい？」、「どうしてマリアンに頼んだの？」と「でも、どうしてマリアンに頼んだの？」とでは、別の意味合いがある。

「でもクエスチョン」の根底にあるメッセージは、**「私はこれに関して意見があるが、それを直接は言いません」**というものだ。

この例の場合なら、「先にプールに行きたい」「マリアンには頼むべきではなかった」だ。

質問の落とし穴3――カクテル・クエスチョン

「ほら、ボールだよ！　そしてもう一つ！　あ、これを忘れてた！　そうだ、こっちのほうがもっといい。それから、これも！　さて、どのボールを打ち返したい？　いや、それじゃない！　それを打っても意味がないよ！」

こんなふうにいろんな質問を混ぜ合わせるのが**「カクテル・クエスチョン」**だ。

私たちは頻繁に、質問をした後に次々と別の質問を思いつき、それを相手に投げかけてしまう。

相手は混乱し、どの質問に、どの順番で答えるべきかわからなくなる。

その結果、相手は曖昧な説明や中途半端な答えを返すことが多くなる。

自分の言葉がどこに向かっているのかわからないまま、ただ話し始めてしまうことになるからだ。


残念ながら、一度にいくつもの質問をすると、まず深い会話は成り立たない。

質問は必ず一度に一つにして、それ以上つけ加えないようにしよう。

相手は自分が何に対して答えているのかが明確になり、こちらの目的に合った答えを返してくれるようになる。脱線や曖昧さを避けて明確なやりとりができ、それぞれの発言が次の質問の基礎となる確かな情報になる。

今後、他人の会話やインタビューを聞く機会があったら、カクテル・クエスチョンがされていないか注意してみよう。

この種の質問は、相手や会話にどう影響しているだろうか？

質問の落とし穴4——曖昧な質問

「この人はいったい何を言おうとしているのだろう？」と思うような質問は多い。質問の意図がよくわからない、曖昧な質問だ。

私は日曜日の朝に起き出してきたパートナーから、「もう遅い？」と聞かれたことが何度かある。漠然とした質問なので、「遅い」が何時くらいを意味しているのかがよくわからない。だから、初めてそれを聞かれたときは、「うん、遅いよ」と答えた。午前10時で、特に早いとは思わなかったからだ。時間を聞かれて答えたら、彼は笑って「なんだ、まだ早いよ」と言った。

何を指しているのかが曖昧だと、相手を戸惑わせてしまう。

質問をするときは、自分がどんな情報を求めているのかをはっきりさせて、明確な質問をしよう。

「あの塔は高い？」

「そのラザニアは美味しかった？」

「彼は太っている？　それとも痩せている？」

これらの曖昧な質問は、次のように言い換えられる。

「その塔の高さはどれくらいある？」
「ラザニアの味はどうだった？」
「彼はどんな体型をしている？」

質問の落とし穴5——根拠のない二者択一の質問

「ピーナッツバターとジャム、どっちのサンドイッチがいい？」といった2つの選択肢を提示する質問をするのは悪いことではない。

時間に追われている、すぐに結論を出したい、といったときなどには、特に便利だ。例えば、相手が子どもで、ランチにどのサンドイッチを食べたいかをすぐに知りたいような場合だ。

問題が生じるのは、実際には多くの選択肢があるのに、この**質問によって答えを2**

つに限定してしまうことだ。例を見てみよう。

「今日会いたい？　明日会いたい？」
↓実際には、明後日か来週も選択肢になるかもしれない。

「ベジタリアンですか、それとも肉を食べますか？」
↓これも白か黒かの質問にすべきではない。相手はビーガン（肉や魚介類だけでなく、卵や乳製品などの動物性食品も食べない）やペスカタリアン（肉は食べないが、卵や乳製品、魚介類などは食べる）かもしれないからだ。

「左に行きたいですか？　右に行きたいですか？」
↓真っ直ぐ進む、来た道を引き返すという選択肢もあるかもしれない。

私たちはこのような質問をされると、質問者が物事を事前に考え抜いていて、本当に選択肢は2つしかないと思い込んでしまいがちだ。

しかし、質問と提示された選択肢をよく見てみよう。**実際には、選択肢が2つしか**

ない場合はめったにない。これは、少々いい加減な質問なのだ。質問者が、たまたま思いついた2つの選択肢を提示するだけ、というケースが多い。

このような場合は、オープン・クエスチョンにしてみてはどうだろう。

先ほどの例なら「サンドイッチは何にする？」「いつ会いたい？」「何を食べますか？」「どちらの方向に行くべきだと思いますか？」と尋ねるのだ。

質問の落とし穴6——中途半端な質問

私たちの質問には、**中途半端なもの**が多い。

誰かが「ブラムがまたいつものアレをしていたよ」と言ったら、あなたが「どういう意味？」と尋ねるのはごく自然なことだ。

しかし、「どういう意味？」は完全な質問ではない。

相手の発言のどの部分を指しているのかが明確ではないからだ。

「……ってどういう意味？」と尋ねなければ、正確な答えは引き出せない。

この場合なら、「〝いつものアレ〟ってどういう意味？」と尋ねるべきだろう。

以下のようなもっと複雑な状況では、事態はより厄介になる。

アンナと通りを歩いていたら、あの男に出くわしたんだ。
たぶん君も知っているはずさ。見ればわかるよ。
彼はベンチに座っていて、隣にベビーカーを置いていた。
そして顔を上げると、大声で叫び始めた。
実に奇妙だった。どう反応していいかわからなかったよ。

ここでも、「どういう意味？」は自然な質問のように思えるかもしれない。しかし、それだと何を指しているのかが不明だ。男性のことなのか、アンナのことなのか、男性が何かを叫んだことなのか、誰に向かって叫んだのかということなのか、そもそもなぜベビーカーが置いてあったのかということなのか。

これに対し、「アンナって誰だっけ？」「どの男のこと？」「彼は何て叫んだの？」「彼は誰に向かって叫んだの？」「何が奇妙だと思ったの？」などの明確な質問は答えやすいので、受け手は何を尋ねられたかを迷うことはない。

質問を具体的にすれば、焦点が絞られ、求める情報が正確に得られる。

第4章では、さまざまな質問のスキルを学んできた。上向き／下向きの質問とその理論。クリティカルポイント。質問の落とし穴と、その回避策。

最後のセクションである第5章では、質問の技法をさらに詳しく見ると同時に、深い会話を続けるための秘訣を探っていこう。

第 5 章

質問から会話へ

広い視野をもてば、思考が広がる。

Loesje（フリースピーチの国際的組織）[1]

「良い質問」から「良い会話」へつなげる

これまで、あなたはソクラテス的な態度に取り組み、聞く力を磨いてきた。オープンで好奇心旺盛な視点を受け入れ、質問の落とし穴を避け、効果的なテクニックを応用する方法を理解してきた。

いよいよ、学んだすべてを良い質問をすることにつぎ込むべきときが来た。

しかし、その後はどうすればいいのだろう？

つまり、一つの質問から、深い会話の流れに移行するにはどうすればいいのか？

▼良い会話はドミノゲームのようなもの

自然な流れのある良い会話のためには、質問と回答も同じもの同士を組み合わせることが望ましい。しかし実際には、常にそうだとは限らない。

例えば、イエス／ノー形式のクローズド・クエスチョンをしたのに、相手に延々と独白を続けられることもあるし、よく考えられたオープン・クエスチョンをしたのに、相手はイエスかノーでしか答えてくれないことがある。

人は時として、かみ合わない波長のままで会話を続けてしまう。

相手はあなたの質問を半分しか聞かずに、自分の頭に浮かんだ話をし始める。あなたもその話に引き込まれ、自分でもまた別の連想をし、相手があなたの質問に半分しか答えていないことを忘れてしまう。

関連性のある質問や回答、反応ではなく、関連性のない発言やエピソード、意見をつなぎ合わせてコミュニケーションしようとしてしまうのだ。

双方が独白をしていても対話にはならない。私の友人ピピンは、彼が以前に参加したというパーティーの様子について話してくれた。

「それは義父が開いたパーティーで、参加者は彼とほぼ同年代の男性ばかりだった。彼らは自慢話ばかりしていた。自分が成し遂げたことや、家族のためにしたことについての話。例えば、年金や、投資なんかだ。誰も質問しなかった。誰かが話をしていると、別の誰かが割り込んできてまた自慢話をする。その繰り返しさ」

良い会話をするスキルは自然に身につくものではない。訓練や練習によって身につけなければならないものなのだ。

▼「質問」と「答え」がつながっているかを確認する

自分の質問に相手がきちんと答えているかどうかを確認するための一番簡単な方法は、会話の中身を一時的に脇に置き、質問と答えの構造に注目することだ。

イエス／ノー形式の質問は、実際にイエス／ノーの答えを引き出しているか？
相手に2つの選択肢を与えたとき、実際にどちらかが選ばれているか、それとも漠然とした関連性のある話が始まっているか？
「何時ですか？」と尋ねたら、相手は実際に時間を教えてくれたか、それともまったく違う話をしたか？

尋ねたもの以外の答えが返ってきていたら、会話の軌道を修正しなければならない。通常は、同じ質問を繰り返すだけで十分だ。相手が質問に正しく答えていないことを上から目線で指摘するよりも効果がある。

例として、先日私がアムステルダムの路面電車の車内で耳にした会話を紹介しよう。

A「これからお寿司でも食べに行かない？（イエス／ノー形式の質問）」
B「そういえば、この前、お寿司を食べに行ったんだ。とにかくたいへんだったよ。混雑してて、店の対応も悪く、注文したものをもってくるたびに何かが足りないんだ。ウェイターはずっと大声で叫びながら走りまわってたよ」

ここでは、Aが「これから寿司を食べにいくかどうか」とクローズド・クエスチョンで尋ねているのに、Bは最近の寿司屋での体験談を始めてしまう。会話が一致していないのは明らかだ。

話題が当事者にとって身近で、直接的な影響が大きい場合、事態はさらに厄介になる。利害が絡むと、人は難しい質問を避けようとしたり、答えがわからないことを認めたがらなかったりするからだ。

例を見てみよう。タリクとアンはサムの両親だ。サムは最近、友人のピーターと夜に外出し、薬物に手を出してトラブルを起こしてしまった。

アン「サムに、ピーターと一緒に外出しないように言うべきかしら?」

タリク「ピーターはいい子だと思う。でも、この前の夜の一件については心配だね。行動にかなり問題があったように思う……」

アンはイエスかノーかの質問をしているのに、タリクは自分の考えを話している。一応会話は成立しているが、それは表面的なものだ。タリクの答えは曖昧で、結局イエスなのかノーなのかがわからない。

このような場合、**まず質問にイエスかノーで答えてから、自分の意見や懸念事項を話すといい。**そうすることで、問題を深く考えられるようになるし、次の質問もしやすくなる。

最初にイエスかノーを答えて自分の立場をはっきりさせるのは簡単ではないし、自分の考えが相手の目にさらされるような落ち着かない気持ちにもなるが、会話は明確になる。例を見てみよう。

アン「サムに、ピーターと一緒に外出しないように言うべきかしら？」
タリク「うん、そうすべきだと思う」
アン「なぜそう思うの？」
タリク「前回トラブルを起こしたからさ。ピーターはいい子なんだけど、サムに悪い影響を与えている面もある。しばらく、例えば3カ月くらい、一緒に外出するのは禁止すべきだろうね。どう思う？」

今回はタリクの立場が明確になり、彼がそのことについてどう考えているのかもはっきりと示されている。彼の答えとアンの質問は、組み合わさっている。

▼「イエスかノー」で答える

しばらく前、私はマーク・エイケマというインフルエンサーが制作している神学、哲学、政治をテーマにしたポッドキャスト「Kramcast」にゲスト出演した。[2] マークと私は意気投合し、収録中だけでなく、その前後にも話が盛り上がった。

私たちは約2時間、「質問をすること」について語り合った。

なぜ人は質問を避けることが多いのか、なぜそれが苦手なのか、人々がもう少し質問に注意を払ったら世界はどうなるのか。

マークは、人々がもっとお互いに質問を――特に、会話の質を高めることを目的とした質問を――すれば、世の中はもっと良くなるはずだと言った。

このポッドキャストで、私はこの本の冒頭で紹介した「運命の昼休み」での体験に触れた。グループで子どもについての話をしていて、テーブルにいた子どものいない人たちが順番を飛ばされたという、あの出来事だ。

収録後、私たちは再びこの件について話をした。私は、将来自分が子どもをもつことについての疑問や考えを話した。マークは、世間では子どもがいない人には何か特別な理由があるはずだと考えられ、子どもがいることについては当然のように思われているのは不思議だと言った。

マークは自分の子育てについて話してくれた。子どもたちとの生活がどれだけ楽しいか、同時にそれがどれほどたいへんで、疲れるものか。彼は、親になることがどんなものかは事前には想像できなかったし、もし子どもがいなくても人生を楽しめただろうと言った。

私は「過去に戻って、もう一度、子どもをもつかどうかを選べるとしたら、同じ選択をする？」と尋ねた。

当然、これは踏み込んだ、一種の緊張をもたらす質問だ。正直に答えれば、不安定な立場に置かれるかもしれない。それでも私は、私たちの関係はこうした質問ができるくらい直接的でオープンだと感じていた。

マークは話し始めた。

「どうかな。今の僕たち夫婦と、子どもをもつという選択をした僕たちを比べてみると……」

私がしたのはイエスかノーかの質問だった。**会話を深く掘り下げ、目の前の問題にはっきりと焦点を当てたい場合、まずはイエスかノーで答え、その後で細かなニュアンスを伝えるべきだ。**実際、私たちはどちらもそうしたかった。

しかし人はふだん、こうした会話のスタイルには慣れていない。個人的な問題であればなおさらだ。率直に言って、親になったことを後悔しているかどうかを尋ねることほど、個人的な問題もない。

私たちは会話の技法や良い質問をすることについて、2時間も語り合ったばかりだった。マークがこちらを見て話すのをやめたとき、私は言った。

「私の質問が、イエスかノーかで答えるものだったことに気づいた？」

「ああ……確かにそうだ！　そして、僕はイエスかノーで答えずに、あれこれ話をしちゃったね。いつもならそんなふうに答えてもいいんだろうけど、今は違うんだよね。じゃあ、その質問の答えを少し集中して考えさせてほしい」

私は黙っていた。

「答えはイエスだ。もう一度同じことをしなければならないとしても、僕は子どもをもつことを選択する。なぜなら、今の僕たち夫婦と、子どもをもつと選択したときの僕たちを比べると……」

そして、明確かつ細かなニュアンスのある話が続いた。それは、以降に続く質問の根拠となり、新たな洞察の余地を与えてくれるものだった。

マークはこれまでこの質問にこのような形で答えたことはなかった。

しかし、**まずじっくりと考えて答えを出し、それから意見を述べたことで、自分でも気づいていなかった視点や考えがあることを発見した。**

▼「簡潔に話す」のが良い会話のルール

会話をするのは、自分の声を聞くためではなく、相手に聞いてもらうためだ。自分の話に夢中になるのではなく、相手とのつながりを保ちながら会話を進めなければならない。

これはアイコンタクトやボディランゲージなどの非言語的な方法だけではなく、言葉によっても行うべきだ。

人はよく、相手に好印象を与え、自分の信用を高め、賢く見えるようにするために、意識的・無意識的に格好のいい言葉をちりばめた独白をするが、それは会話ではなく、歌って踊る一人芝居のようなものだ。

独白を魅力的で楽しいと感じるのは、たいてい話し手本人だけなのである。

簡潔に話すことは、ソクラテスの対話のルールの一つだ。

質問へのフォローアップ

質問に関する講座やワークショップでは、「質問のフォローアップ〔編注：その前に行ったことの効果を高めるための行動〕はどうすればいいですか？」という質問をよく受ける。

良いフォローアップ・クエスチョンをすることで、会話に深みが生まれる。

しかし、フォローアップはどのようにすればいいのだろうか？

どこから始めるのか？　どのようなテクニックがあるか？　相手の邪魔をせずに質

問を続けるには？

フォローアップ・クエスチョンをすることで、どのように相手の意見に疑問を示すことができるのだろうか？

▼フォローアップ・クエスチョンとは？

フォローアップ・クエスチョンとは、相手の発言や視点、ストーリーを深く探求することだ。

その目的は、すでに話題になっているテーマをさらに深く掘り下げること。

例えば、相手の意見の背景にあるものを尋ねることや、例を挙げてもらうこと、当該のテーマの他の側面を探ることなどだ。

テーマとは関係のない質問をするのはフォローアップではなく、新しい会話を始めることである。

フォローアップ・クエスチョンは、発言の真意を尋ねたときと同じような反応を引き起こす。そのため、相手は自己弁護しなければならないというプレッシャーを感じやすくなる。

ある意味、それはフォローアップ・クエスチョンの目的でもある。**あなたは相手に、意見や発言の裏づけを求めているのだ。**

「生活保護を受けている人は働きたくないだけ」というような大雑把な発言に対し、その証拠の裏づけを求めれば、相手は適当な言い逃れができなくなる。

そしてだからこそ、フォローアップ・クエスチョンは敬遠されがちになる。私たちは、相手を困った立場に追い込みたくないのだ。楽しく友好的な関係で会話を続けたいと思っている。

「他人の意見に対して、いちいちその根拠や理由を追求するのは傲慢なことだ」と考えているのだ。

でも、本当にそれでいいのだろうか？

いつから私たちは、相手の意見や主張を裏づける証拠に純粋に興味をもたず、ただうなずいたり笑ったりして人の話を聞いておけばいいと考えるようになってしまったのだろう?

フォローアップ・クエスチョンをするのは、相手に発言の責任を求めることだ。そうするのは、探求に値する根拠があるからだ(常にそうだとは限らないとしても)。

もちろん、適切なフォローアップ・クエスチョンをするには、ソクラテス的な態度を保つことが大切だ。

質問に批判的な響きがあると、良い答えは引き出せない。相手の発言の背後にある考え方に純粋に興味をもち、自分の意見は保留しなければならない。

▼フォローアップの前提は注意深く話を聞くこと

真摯かつ効果的なフォローアップ・クエスチョンをするには、まずは相手の話を注意深く聞くことだ。

話に引き込まれ過ぎないようにし、自分の意見を脇に置いて、相手を説得したり、議論に参加したりしないように努める。

何よりも、相手の発言や主張の背後にあるものに興味をもとう。

「この人は何を言っているか?」「この言葉の裏には、どのような考えがあるか?」という2点だけに意識を集中させること。

相手の発言に注目し、それ以前の発言と一致しているか、矛盾しているのかを考える。**内容に惑わされずに、客観的に会話を俯瞰できれば、良い質問がしやすくなる。**

▼「自明のこと」について質問する

自明と思われることに疑問をもつのは、一番簡単なフォローアップの方法だ。

私たちは、相手の話を理解できると思い込み、心の中で適当に話を補いながら聞いている。

だがソクラテス的な態度で相手の話す言葉に集中していると、すぐに疑問が頭に浮かんでくる。

例えば誰かが「教師は不満を言うのをやめて、まともな仕事に就いていることを喜ぶべきだ」と言ったとする。

私たちは心の中で、「確かにその通りだ」とうなずいたり、「教師をしている叔母は、この仕事はとても厳しいと言っているけど……」と考えたりする。それでも、相手に質問することはめったにない。

しかし、ソクラテス的な態度で話を聞き、自明と思われることに疑問をもてば、「その教師たちは実際にどんなことを言っているんですか?」「なぜ、教職がまともな仕事だと思ったのですか?」などと尋ねることができる。

相手は反射的に身構え、「そんなの、ニュースを見ればわかるでしょう」といったことを言い始めるかもしれない。

しかし、それでもあなたが質問を続ければ、**相手は自分の暗黙的、無意識的な考えに目を向け、それを明確に説明しなければならなくなる。**

☑ エクササイズ——自明と思われることに疑問をもつ

まず、相手に自明だと思っている考えを書き留めてもらう。

政治や宗教などについての確固とした意見だ。

次に、その中から一つを選んでもらい、それを次のように自分の意見や主張としてまとめてもらう。

「社会全体の安全のために、親は子どもにワクチンを接種させるべきである。ワクチン接種に反対する親は、自分のことより公益のことを考えるべきだ」

このとき、あなたは自分の考えを抑えるように努めること。

相手の意見や主張に対して賛成か反対かを考えたり、自分の意見を述べたり、相手の考えを正すための方法を考えたりしてはいけない。

ここでの目的は、相手の意見や主張の中にある自明の前提を疑うことだ。

以下に述べる質問例は、自明のことに疑問を投げかけているという点で、ばかばかしく見えるかもしれない。

だがこうした質問には、大きな価値がある。それを信じて尋ねてみよう。

「子どもにワクチンを接種させたくない親は、自分のことしか考えていない親だと言えますか？」

「公益について考えることが重要な理由は何ですか？」

「子どもにワクチンを接種させることは、社会全体の安全にどのように役立ちますか？」

「自分のことを考えるのは、よくないことですか？」

「人は、自分のことと他人のことを、それぞれどれくらい考えればいいのでしょうか？」

▼フォローアップの2つの方法

一般的に、フォローアップ・クエスチョンには2つのアプローチがある。

相手の考えに注目し、その背後にある前提や仮定、考え方を探ること。

そして、相手と協力して、**相手とは正反対の立場から考えてみること**だ。

相手の考えに注目して質問をする場合、相手の思考を深く掘り下げることになる。

相手は何を根拠に発言しているのか？

その見解の根底にはどのような前提があるのか？

どう思考を組み立てたのか、それは理にかなっているか？


反対の立場から質問するには、相手にある程度の柔軟性が求められる。認知的共感を用いて他人の立場に立ち、反対意見を理解してもらわなければならないからだ。

それは誰もが思っていることか？

この意見に反対する人なら、何と言うだろうか？

他の意見はないか？


どちらのアプローチを選ぶべきかについては黄金律のようなものはないが、いずれにしても、**まずは相手が表明した立場を明確に理解しておくことが重要だ。**

☑ エクササイズ――2つのフォローアップ

質問によってフォローアップをしたいと思ったら、この2つのアプローチを意識することから始めてみよう。

まずは、相手の考え方に疑問を投げかけてみよう。

「どうしてそれがわかるの？」

「どうしてそう言えるのか？」

「具体的にはどのように機能しているのか？」

相手の意見を十分に理解できたと思えたら（これはそれに賛成または反対するのと同じではない！）、次はその意見とは逆の立場になって考えてみよう。

「常にそうなのか？」

「どのような状況なら物事は変わりえるか？」

「XやY、Zを経験した人なら、これについてどう思うだろうか？」

▼エコー・クエスチョン――フォローアップの最もシンプルな方法

相手の言葉を繰り返して尋ねる**エコー・クエスチョン**は、いつでもどこでも使える定番の質問だ。

特に、次に何を聞けばいいのかがわからないが、相手の発言への質問を続けたい場合に便利だ。何かを提案したり、新しい概念を述べたりすることなく、話を聞き続けやすい（第3章で説明した「あなた」の視点を重視する聞く姿勢）。

尋ねる質問は、井戸に向かって何かを叫んだときに返ってくるこだま（エコー）のように、明確かつシンプルなものにすること。

相手が口にしたのとまったく同じ言葉を使う。乱暴に言い換えるのではなく、そのまま繰り返すのだ。

同僚が「この前ジムと話したんだけど、かなりたいへんだったよ」と言ったら、「かなりたいへんだった、ってどういう意味？」と尋ねる。これがエコー・クエスチョンだ。

同じく、友人が「クリスは最低だわ」とボーイフレンドの愚痴をこぼしたら、「クリスのどんなところが最低なの？」と尋ねる。言葉が井戸の底から反響してくるように、相手の言葉を跳ね返す。

▼良いエコー・クエスチョンをするコツ

エコー・クエスチョンの良い例と悪い例を紹介しよう。

「その会議は永遠に続いたよ」

悪い例「なんでそんなに長引いたの？」「何が問題だったんだろう？」

良い例「なぜその会議は永遠に続いたの？」

「ハンクの母親はいつもの手を使おうとしていた」

悪い例「彼女は何をしたの？」「今回、彼女は何て言ったの？」

良い例「ハンクの母親はいつもの手を使おうとしていた、ってどういう意味?」

「それはひどくばかげたことだと思う」

悪い例「どうしてそう思う?」「彼がしたことのどこがそんなに変だった?」

良い例「ひどくばかげたこととは何?」「なぜそれをひどくばかげたことだと思うの?」

良い例では、相手が言ったことに忠実である。言い換えもないし、新しい概念を加えたりもしていない。相手は、自分の言葉を繰り返されることで、話を聞いてもらっていると感じ、思考の流れを保ちやすくなる。

最初は少し違和感を覚えるかもしれない。私は講座の参加者から、「わざとらしい感じがします。違う言い方をしたらどうでしょう? それでも、相手にはこちらの意図が伝わりますよね?」と質問されたことがある。

しかし、エクササイズでこの参加者のパートナーを務めた別の参加者の感想はまったく違った。その参加者は、エコー・クエスチョンをされたことで、自分の話が理解され、自由に話をすることが許されていると感じていた。

もちろん、10分間もずっとこのアプローチを繰り返すのは無理がある。すべての言葉をオウム返しされたら、相手は腹を立てるだろう。

とはいえ、あまり気にし過ぎずに、エコー・クエスチョンを使ってみよう。何度か使っていると、相手に気にされるより先に、あなた自身にオウム返しをしている感覚が生じて、自然と必要以上には繰り返さないようになるはずだ。

▼概念をフォローアップする

発言や質問は、一つの概念、つまり本当に重要なことを中心に展開されることが多い。この場合の概念とは、テーマやアイデア、目下の問題などのことだ。それは目に見えない看板のように、発言や質問の上に浮かんでいる。

概念を認識する方法を学ぶことは、良いフォローアップ・クエスチョンをしたり、重要な問題と些細な問題を区別したりするのに役立つ。

例えば誰かが「子どもにワクチンを接種させるかどうかは、親が決めなければならない。それは上から押しつけられるものではない」と言ったとする。

この発言の上に浮かんでいる中心的な概念は**「自律性」**である。

つまり、その人はワクチン接種に関して自律性こそが最も重要な問題と考えている。

一方、他の誰かがこう言うかもしれない。

「ワクチン接種は一元的に規制・管理されるべきものだ。もし誰も子どもに予防接種を受けさせていなかったら、現在ワクチンによって抑えられているさまざまな病気がすぐに蔓延してしまうだろう」

この人にとっての中心的な概念は、**「管理」**である。

同じ問題に対して、大きく異なる2つの立場があるということになる。その根底にある概念を見れば、簡単に衝突が起こりえることがわかる。自律性と管理は、正反対のものだからだ。

概念の仕組みを学び、中心的な概念を特定する方法を理解することで、自分の考えも、会話の内容も明確になる。

右記の発言に対しては、次のようなフォローアップ・クエスチョンをすることが考えられる。

「親の自主性は最優先されるべきですか？」

「自律性をある程度放棄するのは悪いことですか？」

「親に子どものワクチン接種の完全な自律性を与えたら、どんな結果になると思いますか？」

または、

「管理と自律性の境界線はどこにありますか？」

「親の関与はどこまで管理されるべきだと思いますか？」


友人がこう言ったとしよう。

「これからは、妹のジャネットと交代で母親に電話することにした。母は1人でいることが多く、私は遠くに離れているけど、妹はかなり近くに住んでいる。正直、彼女は母のためにできることがもっとあると思う。私がするより、ずっと楽にできるはずなのに」

友人が表現している概念は何かを考えてみよう。

本当に言いたいことは何か？　その中心的な概念を理解できれば、何を尋ねるべきかが明確になる。

手当たり次第に質問を始めると、自分が関心のあることばかりを尋ねることになるだろう。その結果、相手の思考の流れを見失ってしまう。

☑エクササイズ――概念を特定する

以下の文を読み、中心的な概念を特定して、それを一つの単語で表現してみよう。

1. セシル・ローズ〔訳注：19世紀のイギリス帝国の植民地政治家〕のような有名人の銅像は、過去にその人が何をしたかにかかわらず、撤去せずにそのままにしておくべきだ。彼らは歴史の一部だ。背を向けることはできない。
2. 私は、ベジタリアンになることを意識的に選択した。自分の楽しみのために罪のない動物を殺すのは間違っていると思う。
3. 女性が生理用品を無料で手に入れられるようにするべきだ。単に女性だからという理由で、男性よりも多くのお金を使わなければならないのは不公平だ。

4．言論の自由は、市民が公の議論に参加するための重要な前提条件だったし、今でもそうである。言論の自由がなければ、あらゆる種類の虐待が明らかになることはなく、市民が政府に影響を与えることもできない。

☑ エクササイズ――概念についてのフォローアップ・クエスチョン

新聞や雑誌のインタビュー記事やオピニオン記事、投書欄を読み、そこで語られている中心的な概念を特定してみよう。

その発言をした人に投げかけることができる質問を3つ考えてみよう。

この練習によって、会話の中の概念を早く認識できるようになり、要点を押さえた良い質問ができるようになる。

相手の発言の真意を問う

会話の相手に、直前の発言について考えさせるような本質を突く質問をするスキルは、きわめて価値がある。

しかし、相手に自分の発言について考えさせるような質問、さらに言えば、相手に自分の誤解や矛盾、思慮の浅さを気づかせるような質問をするには、どうすればいいのだろうか？

ソクラテス的な態度を身につけ、中立的な質問ができるようになると、相手の真意を問うことは難しくはなくなる。

▼「それは具体的には何を意味するのか？」

真意を問うとは、相手の発言を正面に差し出すことだ。相手の言葉をそのまま提示して、それについて考えてもらう。

真意を問うのが適切な状況とは、相手がどのような話をしているときなのだろうか？　例を見てみよう。

・漠然とした言葉を使っている。
・たくさんしゃべっているが、結局何が言いたいのかがわからない。
・話が矛盾している。
・論拠に間違いがある。

相手の真意を問う姿勢をもつことは、「誰かの話を聞くときにそのテーマの専門家である必要はない」という姿勢をもつことでもある。

大切なのは、「それは具体的には何を意味するのか？」という態度で相手の話を聞くことだ。

相手の真意を問うときには、冷静さや共感、中立性、相手の言葉への傾聴が必要なのだ。

▼「真意を問う」質問の方法

では、ソクラテス的な冷静さを保ちながら、相手の話の真意を問うにはどうすればいいのだろう？

1対1の会話の場合、一つの方法は相手の発言やその一部を繰り返すことだ。

基本的に、これは先ほど説明したエコー・クエスチョンと同じである。

例を見てみよう。

相手「借金をしている人は、みんなお金の使い方が悪い」
あなた「みんな？」
相手「ベンはとんでもなく傲慢だ！」
あなた「傲慢？」

もう一つの簡単な方法は、**聞き手として純粋かつ驚いたような態度を取り、文字通り相手に話の真意についての説明を求めることだ。**

相手「借金をしている人は、みんなお金の使い方が悪い」
あなた「お金の使い方が悪い？　それは具体的にどういう意味？」
相手「この人たちがどんな人か知っているはずだ！」
あなた「いや、よく知らないんだ。彼らはどんな人たちなの？」

相手があなたの質問に答えていない場合は、そのことを正確に伝えてから質問を繰り返そう。

あなた「責任を取るとはどういうことですか？」
相手「それは勇気をもつことと関係しています」
あなた「それは質問の答えになっていません。何かと関係している、ではなく、責任を取るとはどういうことかと尋ねているのです」

あなた「なぜこの仕事がそんなに気に入っているの？」
相手「ずっと前からやってみたかった仕事だからだよ」
あなた「それは質問の答えになっていないよ。その仕事を始める前にあなたがどんなふうに思っていたかはわかったけど、仕事自体については何も言っていないよね。もう一度聞くわ。なぜこの仕事がそんなに気に入っているの？」

相手が質問の答えをはぐらかそうとして他の話を始めたら、それに流されてしまわないようにすること。**もう一度、最初に尋ねたことを繰り返そう。**例を見てみよう。

あなた「仕事の調子はどう?」

相手「そうだね。何かが欲しいと思っていても、心の底では欲しくはないと思っているような感覚ってあるでしょう? 心がこう言っているのに、頭は別のことを言っている、みたいな。誰かと合意はしているけど、本当はその人のもとから抜け出したい。でも、どうすればいいのかわからないし、正しいことだとも思えない。そんな感じ」

あなた「何が言いたいのかわからない。仕事の調子はどうなの?」

相手の真意を問う質問はちょっとした緊張感を生むかもしれない。

でも、構わない。なぜなら、それは**相手に発言についてよく考え、言葉を明確にし、裏づけ、責任を取るよう促す**ことだからだ。

それによって、悪い影響が生じたりはしない。

それでも、真意を問うことに不安を覚える人もいるだろう。「あんなふうに誰かを問いただすなんて、それは思いやりのないことではないのか?」と。

しかし、相手が自分の考えを無批判に信じているのをそのままにしておくほうが、相手にとっても、その会話にとっても、あなたや世の中全体にとっても、はるかに思いやりのないことではないだろうか。

☑ エクササイズ――相手の真意を問う質問をする

これから数日間、ニュースを注意深く見て、誰かの話の不明瞭さ、矛盾点、脱線、混乱などがないか観察してみよう。それらを相手に気づかせ、再考させるにはどのような質問をすればいいか考えてみよう。

自信がついたら、1対1の会話で試してみよう。うまくできるようになったと感じたら、会議やグループディスカッションでも誰かに真意を問う質問をしてみよう。

ただし、その際の態度には注意すること。判断せず、オープンな気持ちで、驚きをもって相手を観察し、話を聞き続けること。

フォローアップの方法
——カンフル剤としての「もしも」の質問

相手に反対側の視点から問題をとらえ、思考の幅を広げ、柔軟に考えてもらいたいような場合は、**真摯な「もしも」の質問がとてつもない効果を発揮することがある。**それは相手にちょっとした驚きを与え、思考を動かし、本人ですら予想もしていなかった答えを引き出すことが多い。

▼自分の中に隠れている考えを発見する

私が「日常生活における哲学」と題した講座を始めた頃、ブレンダという受講生がいた。

あるセッションでは、判断力の向上に取り組んだ。

私は受講生たちに少々「エッジの効いた」結婚式の写真を見せた。

新郎新婦は、かなり（という言葉では不十分なほど）ふざけたポーズを取っている。その写真は茂みから撮影されたものだ。新郎はカメラに背を向けて立ち、ダークブルーのスーツのズボンを膝のあたりまで下げている。

新婦の白いベールとドレスは一部しか見えていないが、彼女が新郎の前にひざまずいていることは明らかで、これは紛れもなく野外でのフェラチオの光景を暗示している。

私が受講生たちに「この写真はいき過ぎていると思いますか？　もしそうなら、あるいはそうでないなら、それはなぜですか？」と尋ね、全員に自分の意見を述べ、論拠を示すよう求めた。

ブレンダは「イエス」と明言した。彼女はこの写真がいき過ぎていると感じ、まったく受け入れられないと思った。

ただし、その理由は明確に説明できなかった。彼女の反応は、恋愛感情というものをこのような形で表現すべきではないという感覚に関係しているようだった。

私は彼女に尋ねた。「もしも、新郎新婦が結婚式の衣装ではなく、ふだん着で撮影されていたらどうですか？　そのとき、写真はいき過ぎたものになるだろうか？」

ブレンダは躊躇せずに答えた。「いいえ！　もちろん違います！」。そして自分の言葉を耳にするとすぐに、口に手を当てて驚いた。**思ってもいなかった自分の価値観に気づいたからだ。**彼女は心の奥底で、新郎新婦は純真であるべきだとはっきりと感じていたのだ。

ブレンダは、自分の中に隠れている保守的な価値観を発見してショックを受けた。子どもが2人いるパートナーとの同性婚者である彼女は、自らを進歩的で開放的な人間だと見なしていた。それなのに、それに反する判断をしてしまった。

後に彼女は、新郎新婦は純真でなければならないという考えを抱いたのは、保守的な考えの両親のもとで育ったことが影響しているかもしれないと考えた。

彼女はこの例を通して、**自身の考えが何に基づいているのかを深く探れた。**そして、それは自分がもちたい価値観ではないし、そのような人間にはなりたくないとはっきりと意識できるようになった。

もう一度写真を見てもらうと、彼女は笑った。

まだそれが特に好ましい写真だとは思っていなかったし、趣味がいいとも思っていなかった。それでも今回は、彼女がふだんから慣れ親しんでいる視点から、その写真の価値を判断できた。


焦点を絞った質問に心を開くことで、自分でも気づかなかった意見や判断、思い込み、価値観に出会うことがある。

問題を深く探り、新たな考えをもつ機会を得ることで、自分のアイデンティティを再構築し、明確かつ思慮深い選択ができるようになる。

これは、古い思考パターンや、固定された価値観、時代遅れの意見、受け売りの見解を捨てて、新たにつくり変えるアプローチなのだ。

☑ エクササイズ――「もしも」の質問をする

相手が話に行き詰まっていて、発想を変えたほうがいいかもしれないと思ったときは、「もしも」の質問をしてみよう。その際、できるだけ相手の言葉遣いに合わせた質問をすると効果的だ。

相手「昨夜のパーティーでは、ラモーナの現れたときにすごく緊張したよ」
あなた「もしラモーナがパーティーに来ていなかったらどう？　同じように緊張した？」

自分の考えに疑問をもつ

他人の言葉に対して抱く不思議の感覚は、自分自身に対してももつべきだ。

自分はどんなときに的外れな主張をし、本音を隠すために言葉を濁し、矛盾した発言をしているか？

自分の考えを解剖し、分析し、批判的に見ることはできるか？

他人からの批判を受け入れられるか？

新たな視点を探り、これまでの考えを変える勇気があるか？

自分を疑うことで、純粋でオープンに物事を疑う態度を身につけられる。自分の意見や信念、思い込みをあえて疑い、自問することで、他人に対しても許容的でオープンになれる。

自分の考えに絶えず疑問をもつことは、質問の哲学をマスターするための最も重要な条件だろう。自分についてオープンかつ好奇心をもって考えられないのに、どうやって他人に質問できるのだろう？

何よりも、相手の中に新たな洞察を呼び覚ますには、あなた自身がソクラテス的な態度を体現し、その模範となるよう最善を尽くさなければならない。

つまり、自分の考えや発言に常に疑いをもち、他人にも質問してもらうことだ。冷徹な視点で自己検証し、自分をその検証から解放したいという誘惑に負けないこと。誰かに質問されたら、その質問をしっかりと受け止めること。

それを避けたり、言葉遊びでごまかしたりしても意味はない。言葉巧みに煙幕を張ったり、質問をうまくかわしたりしても、自分の不安や矛盾をごまかすだけで、賢くはなれない。

確実に知っていると思うことを疑う勇気をもち、知らないことを受け入れよう。意見をもち、立場を明確にし、それを実証しながら、必要に応じて柔軟に考えを変えよう。

▼では、いつ自分の意見を言えばいいのか？

本書では全体を通して、相手に関心を寄せる方法を説明してきた。

あなたは効果的に相手の話を聞く方法と、ソクラテス式の探求的な態度を身につける方法を学んだ。

しかしもしかしたら、あなたはまだ自分の考えを話すことが許されていないと疑問に思っているかもしれない。

「私はいつになったら発言できるのだろう？　私の意見も、言葉にする価値はあるのではないだろうか？　相手の意見を聞くことから、自分の意見を述べることにどうやって移行すればいいのだろうか？」と。

私たちはみんな、相手に自分のことを理解してもらいたいと思っている。しかし、人は自分の意見を他人にぶつけることは得意だが、相手の考えを受け入れ、じっくりと話を聞き、その内容を深く考察することが苦手だ。

相手への理解を深め、その人の考え方をよく把握できるようになれば、自分の話や意見を述べるための余地が生まれてくる。

私たちは相手に話を聞いてもらい、受け止めてもらいたいと思っている。そのためには、まずは相手と自分のあいだに橋を架ける必要がある。

▼相手とのあいだに橋を架けてから意見を伝える

橋の強度は、両側に設置された基礎の強度と同じである。

だからこそ、**まず相手の話を聞き、その考えを理解することに時間と注意と労力を投じることから始めるべきだ。**

こうして基礎を対岸にしっかりと築いたら、橋を架け、相手をこちら側に招いて、話を聞いてもらったり、自分の考えを探ってもらったりできる。橋の向こうにいる相手を招くための招待状は、質問という形を取ることが多い。

友人や同僚と一緒にテーブルに座り、質問をして彼らの考えを探っていたとしよう。ある時点で、相手は「君はこの件についてどう思う？」と尋ねてくるはずだ。尋ねられなかったとしても、提案という形で自分の考えは伝えられる。

例えば「これについてもいくつかアイデアがあるんだけど、聞いてみたい？」「面白い考えだね。でも、全部には同意できない。私の考えを話そうか？」などと言うことができる。

これは、単に自分の発言の許可を求めるよりも大きな意味がある。相手の心を開いて、他人の意見を受け入れるよう促しているのだ。

それまで自分の考えや意見を述べることに時間を費やしてきた相手は、あなたの意見を聞くために役割を切り替えなければならない。

あなたがこれから意見を述べると事前に予告することで、相手は視点の切り替えを素早く、簡単に行えるようになる。

私たちは、この一手間をよく省いてしまう。

相手の話を根気よく聞いた後で、突然、前触れもなく、自分の意見を長々と話してしまう。話し手から聞き手へとスムーズに移行するための準備に必要な、前置きがない。

そうではなく、役割を切り替えると相手に知らせれば、会話の流れは明確になり、スムーズになる。

誰の意見が話題になっているかがはっきりし、双方がどの点で賛成し、どの点で反対しているのかも明確になる。

☑ エクササイズ――相手とのあいだに架け橋をつくる

相手の話をよく聞くことから会話を始めよう。

質問を続け、答えに注意深く耳を傾ける。

ある時点で、相手に考えを尋ねられることもあるだろう。それまでは、質問を続けて相手の意見に集中し、相手から誘われたときだけ自分の意見を言うことを心がけること。相手に誘われなかった場合は、次のようなフレーズで架け橋をつくろう。

「私にも考えがあります。述べてもいいですか?」

「この件について私がどう思うかを知りたいですか?」

「あなたの意見を聞いて、私もアイデアが浮かびました。お話ししましょうか?」

橋を架けたら、注意深く相手を観察しつつ、話を続けよう。

あなたの意見は、相手やその後の会話にどんな影響を与えるだろうか?

▼無関心な人との会話もおそれる必要はない

あるパーティーの席で、男性と話をした。本を書いていると言うと、内容を尋ねられた。「質問をして、深い会話をして、自分と相手の考えを探ること」がテーマだと説明した。

「それはいいことだと思うのですが、いつもうまくいくとは限りませんよね？　私には、口数の少ない友人がいます。彼に何かを尋ねても、気のない答えしか返してくれません。だから、続けて質問をして相手の考えを深く探っていこうという気にもなりません。相手が会話に関心を示していないのに、どうしてこちらがその人との会話に興味をもたなければならないのでしょう？」


もちろん、彼の言うことにも一理ある。こちらの考えや意見に興味を示さない相手との会話に、労力を注ぐ必要はあるのだろうか？

もちろん、誰かと良い会話をしようとしても、相手が興味を示してくれなくて苦労することはある。

そのようなときは、次のように考えてみるといいだろう。

「相手の無関心さはどれほどの問題なのか？　この会話にどれだけのエネルギーを投じるべきか？　相手に自分と同じくらいの興味をもってもらう必要はあるか？　見返りがなくても、ただ相手に質問をするだけで会話を楽しめるか？」

私の母はよく、「勝てる勝負をしなさい」と言っていた。全員と話す必要はない。いつも同じ話をしている偉そうな人と話す気になれないなら、距離を置けばいい。自分と何の共通点もなく、同じ場所にいるだけで消耗してしまうような同僚と、ソクラテス的な対話をする義務はない。

誰かと話しているときに、自分の気分が高揚しているのか、それとも消沈しているのかを気にするのは、とても健全な本能的反応だ。

とはいえ、相手への先入観を捨てて、5分でも試しに話をしてみれば、宝物を発見できるかもしれない。

自分にあまり関心を示さない人、考え方がかけ離れているように見える人、好きになれそうにない人とソクラテス的な対話をすることをおそれてはいけない。

過度な期待をもたずに会話を始めれば、うれしい驚きがあるかもしれない。うまくいかなくても、失うものはたいしてないはずだ。新しい視点を得たり、再確認できることがあったりするかもしれない。

相手への真摯な関心は、相手にとっての、そしておそらくあなた自身にとっての贈りものになる。

今日の世界には、自分が正しく相手が間違っていると説得するのではなく、ともに賢くなろうとする良質な会話が必要だ。

新たな視点や洞察のための時間をつくり、自分が理解される前に相手を理解しようとする会話が。

良い会話は良い質問から始まる。

そして良い質問は、好奇心と不思議の感覚、「知りたい」という純粋な気持ちから始まる。

それは、私たちの古い友人であるソクラテスが体現していた態度だ。

おわりに

本は芝居のようなもので、いつまでも完成することはない。私はそのことを知っておくべきだった。まだまだ、書き足りない思いもある。確かに文章は確定し、ページに印刷されるかもしれない。だが、思考は止むことなく、アイデアは発展し続ける。芝居の雰囲気は、上演するにしたがって変化していく。上演最終日の芝居は、初日とまったく同じものではない。観客の反応が芝居を豊かにし、進化させていくのだ。

私は、本にも同じことを当てはめられると考えている。つまり、読者とつながることで、本書で取り上げたテーマについての新たなアイデアや視点、疑問点が発展していくはずだ。ウェブサイト（www.denksmederij.nl）〔訳注：オランダ語〕を覗いてほしい。このサイトには、記事や動画、エクササイズ、イベントのスケジュールが掲載されている。もちろん、質問や、意見やアイデアの共有も大歓迎だ。

皆さんと対話できるのを楽しみにしている。

謝辞

アイデアは、疑問を投げかけられ、異議を唱えられることによってのみ磨かれていく。本も同じである。多くの人々の貴重な貢献やアイデア、批判的な質問、励まし、温かい支援に感謝する。

以下の人々に感謝する。

まず、快く自らの経験を話し、質問に答え、私の探求に参加してくれた人たちに。本書に掲載した体験談の多くは、あなたたちが話してくれたものだ。率直さと寛大さに感謝する。

私の愛であり、良きスパーリングパートナーであるマティスは、原稿に隈なく目を通し、常にそばで支えてくれた。私の考えを鋭くし、明確にしてくれる、砥石のような存在だ。

母は私にとって、人との絆、問いかけ、触れ合いの中で、尽きることのない知恵の源である。

妹のアン。自分のことを知り尽くしてくれる人がそばにいてくれるのは、なんという宝物だろう。

父のウィム・ウィスは、私の書くあらゆる記事やブログを熟読し、ポッドキャストを聞き、自身のフェイスブック・ページでそれを共有してくれる——時折、批判的なコメントを加え、スペルミスを指摘しながら。

師であるハンス・ボルテン、クリストフ・ヴァン・ロッセム、オスカー・ブルニフィエ、カリン・デ・ガラン。あなたたちのアイデアや教訓、理論は本書の生地に織り込まれている。あなたたちから学んだこと、今でも学びたいと思っていることに、心から感謝する。

文芸エージェンシーのセベス&ビッセリング（Sebes & Bisseling）社のフロア・オーバーマーへ。初めてのメール、熱意、本書の価値に対する揺るぎない自信に感謝する。

オランダの出版社アンボ・アンソスのチームへ。あなたたちの導きのおかげで、自分1人で書くよりはるかに良い本になった。ありがとう。

イギリスの出版社ペンギン・ランダム・ハウスUKと同社の編集者、そしてドイツの出版社コーセル・フェアラーク社（Kösel-Verlag）、韓国の出版社ドンヤンブックス社にも、それぞれの国での本書の出版に信頼を寄せてくれたことを感謝する。あなたたちによる本書の翻訳への協力によって、深く有意義な会話を多くの読者に届けられる。

本書の原稿に目を通してくれた、アイリス・ポストハウワー、アネミーク・ラールホーフェン、アリアン・ファン・ハイニンゲン、シグリッド・ファン・イアーセル、ラース・ファン・ケッセル、ステラ・アメシュ、ローズ・スピアマン、ニンケ・ブルグマン、ルーベン・クラークス。ヒントやアドバイス、批判的コメント、賞賛と励ましの言葉をありがとう。あなたたちのフィードバックがなければ、本書はつくれなかった。

メールやリンクトイン、フェイスブック、インスタグラムで応援してくれた人たち。皆さんは気づいていないかもしれないが、自信を失ったとき、あなたたちの応援は本当に心温まるものだった。自分のための応援団をもっているような気がすることもあった。

最後に、親愛なる読者の皆さんに、大きな感謝を。時間を割いて本書を読んでくださったことに。

あなたたちは良い質問の技法の習得に取り組む意欲をもち、明確に考え、自分の考えを表現し、良い会話をし、深いつながりを探る準備を整えてくれた。

私がこの本を書いただけでは、世の中の会話の質をすべて変えることはできない。けれども、私たちが一緒になって、それぞれが良い会話をしていくことで、その変化は起こせる。

あなたたちはこのプロセスに欠かせない存在だ。本当にありがとう。

訳者あとがき

本書は、２０２０年にオランダで『Socrates op sneakers: filosofische gids voor het stellen van goede vragen』（スニーカーを履いたソクラテス：良い質問をするための哲学的ガイド）として刊行された後に、２０２１年にイギリスで刊行された『How to Know Everything: Ask better questions, get better answers』（すべてのことを知る方法：良い質問をして、良い答えを得る）の邦訳です。

著者は、「実践哲学」をテーマに旺盛な執筆やコーチング、ワークショップなどの活動をしているオランダ人のエルケ・ヴィス。実践哲学に関する彼女の豊富な経験に裏打ちされた本書は本国オランダで大ヒットし、各国語に翻訳され、世界合計26万部のベストセラーになっています。

本書のテーマは、「良い質問をすること」。現代人は忙しく、じっくりと相手に向き合いながら会話をするのが簡単ではありません。また、情報過多の時代にあって、人々が自分の考えの正しさを裏付けるような意見ばかりを求め、相手の話に耳を傾けずに議論をしようとする傾向があることも指摘されています。だからこそ、著者は私たち現代人には、「質問の哲学」を身につけることが大切だと説きます。新たな視点が得られる有意義な会話をするためには、良い質問が不可欠なのです。

私たちの会話の多くは、質問で成り立っています。しかし、現代人は良い質問をしていると言えるでしょうか？　著者によれば、自分が想定しているような答えを引き出そうとする質問や、質問の皮を被った単なる自分の意見の表明、当たり障りのない会話しか引き出さない質問が多いのが現実です。

では、なぜ現代人は質問をするのが上手ではないのでしょう。

それにはいくつもの理由があります。まず、私たちは自分の話をするのが好きです。それに、相手の真意を問うような質問をするのをおそれています。質問をするのは格好悪いとも感じていますし、客観的な視点が足りないために、自分と相手の会話を俯瞰できません。すぐに結論や答えを求めようとするので会話が深まらず、そもそも「良い質問の方法」が何かを知っていません。

こうした問題を乗り越えるための方法として著者が提唱するのが、古代ギリシアの哲学者、ソクラテスの対話の方法をもとに編み出された「ソクラテス式問答法」です。

ソクラテスは、「無知の知」すなわち「私は自分が何も知らないことを知っている」という自覚をもつことを大切にしました。そして、「不思議」（ワンダー）の感覚をもち、好奇心をもって相手の話に真摯に耳を傾けました。また、勇気をもって、本当に尋ねたいことを相手にぶつけ、自分の考えが間違っていた場合もそれをおそれずに受け入れました。ソクラテスは、自分の考えの正しさを相手に押し付けるのではなく、対話を通して相手と共同で合意点を探し出そうとしたのです。

まさに、私たち現代人が見習うべき、質問や対話の方法ではないでしょうか。ただし、もちろん著者は、私たちに古代の哲学者とまったく同じような方法で問答をすべきだと言っているわけではありません。ソクラテス式問答法を現代において実践するには、相手への十分な配慮が必要です。

まずは相手の話によく耳を傾け、言葉を慎重に選び、本質を突く質問をする前に相手に許可を求めます。また、こうした真剣な対話はある程度の葛藤やフラストレーションを伴うものであると自覚し、それでもあえてこうした会話をすることで有意義な成果や発見が得られることも忘れないようにします。

また著者は、「上向き」（抽象的）の質問と「下向き」（具体的）の質問をうまく組み合わせることで効果的に会話を組み立てていく方法や、質問のフォローアップの方法など、「良い質問」をするためのさまざまなテクニックも紹介してくれます。

本書を読み終えた方はきっと、これから誰かと会話をするときに、これらのテクニックを使って、実りが多く、相手との絆を深めるような会話をしてみたいと思ったのではないでしょうか。良い質問をするのに、お金は不要です。膨大な労力が求められるわけでもありません。ちょっとした好奇心と、相手への関心、本書のアドバイスに基づいた工夫をするだけで、私たちの会話は興味深いものになるのです。

会話は職場や家庭、友人関係の基本です。ぜひ、この本のアドバイスを活かしてみてください。本書が、皆さんの会話を豊かにし、人生をさらに充実したものにするための一助になることを、心から願っています。

本書の翻訳にあたっては、株式会社ダイヤモンド社の林拓馬氏にたいへんお世話になりました。林氏が細かな手を入れてくださったおかげで、本書は日本語版の読者にとって格段に読みやすい内容になりました。心よりお礼申し上げます。

2025年2月

児島　修

原注

1. Rainer Maria Rilke, Letters to a Young Poet, trans. M. D. Herter Norton (New York: W. W. Norton & Company, 1993), Fourth Letter, pp. 33–5, www.thedailyphilosopher.org/daily/000007.php

はじめに

1. Plato, The Dialogues of Plato, trans. Benjamin Jowett, Vol. 1, 2nd edn (Oxford: Clarendon Press, 1875), p. 289
2. 'Socrates dood: de oerknal voor de filosofie', Filosofie, 10 June 2016

第１章　なぜ私たちは良い質問をするのが下手なのか？

1. Plato, The Dialogues of Plato, Vol. 1 (1875), p. 362
2. Oscar Wilde, The Picture of Dorian Gray (London: Ward.Lock & Co., 1891), Preface
3. Huub Buijssen, Mag ik je geen advies geven? In 6 stappen van probleem naar oplossing met de methode coachende gespreksvoering (Tilburg: TRED Buijssen Training en Educatie, 2018)
4. Ellen de Visser, 'Waarom je bij problemen beter géén advies kunt geven', de Volkskrant, 13 July 2018, www.volkskrant.nl/degids/waarom- je-bij-problemen-beter-geen-advies-kunt-geven~b80bcac7/
5. Adrian F. Ward, 'The Neuroscience of Everybody's Favorite Topic: Why do people spend so much time talking about themselves?', Scien- tific American, 16 July 2013
6. Diana I. Tamir and Jason P. Mitchell, 'Disclosing information about the self is intrinsically rewarding', Proceedings of the National Acad- emy of Sciences (2012), 109.21, pp. 8038–43
7. Sigrid van Iersel in correspondence with Elke Wiss.
8. Brené Brown, Braving the Wilderness: The Quest for True Belonging and the Courage to Stand Alone (New York: Random House, 2017), p. 91
9. Leonie Breebaart, 'Daan Roovers, de nieuwe Denker des Vaderlands: "Waarom zou mijn mening interessanter zijn dan de jouwe?"', Trouw, 26 March 2019, www.trouw.nl/religie-filosofie/daan-roovers-de-nieuwe- denker-des-vaderlands-waarom-zoumijn-mening-interessanter-zijn- dan-de-jouwe~b68c96c45/
10. Jonathan Haidt, The Righteous Mind: Why Good People Are Divided by Politics and Religion (New York: Pantheon Books, 2012), p. 38

11. Ruben Mersch, Waarom iedereen altijd gelijk heeft (Amsterdam: De Bezige Bij, 2016)
12. Ruben Mersch, Van mening verschillen: een handleiding (Ghent: Borgerhoff & Lamberigts, 2018)
13. Elke Wiss, 'Een interview met Ariane van Heijningen – inclusief scha- terlach', podcast De Denksmederij NoTES | 305
14. National Research Council, Assessing 21st Century Skills: Summary of a Workshop (Washington DC: National Academies Press, 2011), www.nap.edu/catalog/13215/assessing-21st-century-skills-summary- of-a-workshop

第２章　質問の態度

1. www.collinsdictionary.com/dictionary/english/cooperation
2. Plato, Theaetetus, trans. Benjamin Jowett, classics.mit.edu/Plato/theatu. html
3. www.collinsdictionary.com/dictionary/english/wonder
4. Epictetus, The Discourses and Manual, trans. P. E. Matheson, Vol. 2 (Oxford: Clarendon Press, 1916)
5. Massimo Pigliucci, How to Be a Stoic: Ancient Wisdom for Modern Liv- ing (London: Ebury Publishing, 2017)
6. Reinoud Eleveld, 'Wu Wei, de kunst van het Niet-Doen', 23 July 2018, taotraining.nl/wu-wei-de-kunst-van-het-niet-doen/
7. Paul Bloom, 'Against Empathy', Boston Review, 20 August 2014,bostonreview.net/forum/paul-bloom-against-empathy
8. Reginald Rose, Twelve Angry Men (New York: Penguin, 2006), pp. 11–14
9. www.collinsdictionary.com/dictionary/english/elenchus
10. Harm van der Gaag, Wie het niet weet mag het zeggen: In de spreekkam- er van de filosofische praktijk (Leusden: ISVW Uitgevers, 2013)

第３章　質問の条件

1. Based on the Enchiridion of Epictetus, XLVI
2. Plato, The Dialogues of Plato, Vol. 1 (1875), p. 132
3. Ibid., p. 136
4. Ibid., p. 133
5. Hans Bolten, 'Het socratisch gesprek als instrument voor teamreflectie', Organisatie instrumenten, March 2003, boltentraining.nl/wp-content/ uploads/2013/01/spreken-buiten-de-orde.pdf

第４章　質問の技法

1. From Wisława Szymborska, 'The Turn of the Century', trans. Joanna Trzeciak Huss, www.researchgate.net/publication/340255961_The_Turn_of_the_Century_by_Wislawa_Szymborska_trans_Joanna_ Trzeciak_Huss
2. This diagram is the work of Hans Bolten and is reproduced here with his consent. Although unpublished by Bolten, he wrote down this diagram during a seminar which the author attended and it was provided by Bolten in an accompanying handout.
3. Monique Fischer, Reflect(l)eren in het basisonderwijs (Naarden: MF Consulting, 2017), p. 67

第５章　質問から会話へ

1. www.loesje.org/ Loesje is an international free speech organisation started in Arnhem (Netherlands) in 1983. 'Loesje' is a Dutch female name, representing "a world wide collective of people who want to make the world a more positive creative place". For more information: https://en.wikipedia.org/wiki/Loesje
2. Mark Eikema, 'Praktische filosofie, het stellen van vragen en de waarde van niet-weten, met Elke Wiss', Kramcast (previously called Mark in the Middle), 17 July 2019, open.spotify.com/episode/4grLF8VQDOjiO1ranznM9c

[著者]

エルケ・ヴィス（Elke Wiss）

わずかな考え方の変化で日常生活を大きく改善できる「実践哲学」の国際的なベストセラー作家。戯曲・短編小説・モノローグ・物語的な哲学詩の執筆や演出、記事の執筆、ポッドキャストの制作なども手がけ、トレーナー、ファシリテーター、実践哲学者としても活動。実践哲学と質問術のワークショップを主宰し、企業内でのソクラテス式問答法の活用方法の指導や、個人向けの哲学相談も行っている。本書が初めての著作。

[訳者]

児島　修（こじま・おさむ）

英日翻訳者。立命館大学文学部卒（心理学専攻）。おもな翻訳書に『THE ALGEBRA OF WEALTH 一生「お金」を吸い寄せる 富の方程式』『JUST KEEP BUYING 自動的に富が増え続ける「お金」と「時間」の法則』『サイコロジー・オブ・マネー 一生お金に困らない「富」のマインドセット』『DIE WITH ZERO 人生が豊かになりすぎる究極のルール』『勘違いが人を動かす 教養としての行動経済学入門』（以上、ダイヤモンド社）などがある。

QUEST「質問」の哲学

――「究極の知性」と「勇敢な思考」をもたらす

2025年3月25日　第1刷発行
2025年4月11日　第2刷発行

著　者――エルケ・ヴィス
訳　者――児島　修
発行所――ダイヤモンド社
〒150-8409　東京都渋谷区神宮前6-12-17
https://www.diamond.co.jp/
電話／03·5778·7233（編集）　03·5778·7240（販売）

ブックデザイン―國枝達也
DTP――――RUHIA
校正――――鷗来堂
製作進行――ダイヤモンド・グラフィック社
印刷――――新藤慶昌堂
製本――――ブックアート
編集担当――林拓馬

ISBN 978-4-478-12060-6